U0453839

● 本书系湖南师范大学政治学国内一流培育学科资助出版

两型农业生产体系建设
政府引导机制研究

肖建华◎著

知识产权出版社

全国百佳图书出版单位

—北京—

图书在版编目（CIP）数据

两型农业生产体系建设政府引导机制研究/肖建华著. —北京：知识产权出版社，2020.7
ISBN 978 - 7 -5130 - 6980 - 9

Ⅰ . ①两… Ⅱ . ①肖… Ⅲ . ①农业生产—生产体系—研究—中国 Ⅳ . ①F325.2

中国版本图书馆 CIP 数据核字（2020）第 099040 号

策划编辑：蔡　虹
责任编辑：高志方　　　　　　　　　　　　　　责任校对：谷　洋
封面设计：回归线（北京）文化传媒有限公司　　责任印制：孙婷婷

两型农业生产体系建设政府引导机制研究

肖建华　著

出版发行：知识产权出版社 有限责任公司	网　　址：http://www. ipph. cn
社　　址：北京市海淀区气象路 50 号院	邮　　编：100081
责编电话：010 - 82000860 转 8324	责编邮箱：caihongbj@ 163. com
发行电话：010 - 82000860 转 8101/8102	发行传真：010 - 82000893/82005070/82000270
印　　刷：北京建宏印刷有限公司	经　　销：各大网上书店、新华书店及相关专业书店
开　　本：787mm×1092mm　1/16	印　　张：14.25
版　　次：2020 年 7 月第 1 版	印　　次：2020 年 7 月第 1 次印刷
字　　数：216 千字	定　　价：69.00 元

ISBN 978 - 7 -5130 - 6980 - 9

出版权专有　侵权必究
如有印装质量问题，本社负责调换。

摘　要

　　人类农业经历一万余年发展，已从原始农业、传统农业发展到现代农业。但现代"石化农业"发展至今日，已步入了不可持续的死胡同。中国是后发展国家，在走向现代化的过程中基本沿袭了西式现代农业的发展模式。目前，我国农业发展面临两难境地：既要大力发展现代农业，不断提高粮食产量以应对日益增长的农产品消费需求，又要在日益增大的资源与环境压力下保证农产品的质量安全，减少资源消耗和环境污染。现实表明，想要破解我国农业发展中面临的两难困局，不能再走西式国家大规模、高产出、高消耗、高污染的工业化农业之路，而只能走资源节约型、环境友好型的农业之路。

　　政府对农业进行支持保护和引导成了世界普遍性的现象。政府必须介入两型农业生产体系建设，已成为当前我国两型农业生产体系建设研究中的共识。政府是两型农业生产体系建设中的重要主体，但不是唯一主体，它需要在与市场、社会的互动中解决两型农业生产体系建设中的问题。只有恰当区分政府与市场、社会的边界，政府才能真正找准调控和引导两型农业生产体系建设的着力点，形成政策的累积效应。

　　本书从多功能视角和后现代视角阐释两型农业生产体系的内涵，赋予其新的意蕴，同时，梳理了两型农业、传统农业、现代农业及"替代农业"形态的关系，提出了两型农业是对传统农业和现代农业的有机整合，"替代农业"形态只是两型农业表现形态的观点，并将两型农业的实践形式和表现形态归结为三种主要的发展模式：有机精致农业发展模式、生态综合农业发展模式和休闲观光农业发展模式。界定了两型农业生产体系的内涵后，本书从两型农业的公共品、外部性、信息不对称的特征及其市场失灵方面论证了两型农业生产体系建设需要政府引导的缘由。同时，对市场化进程中政府在两型农业生产体系建设中的作用进行了探讨。为了进一步建构我国两型农业生产体系建设的政府引导机制，需要借鉴国外关涉两型农业生产体系建设中政府引导的成功经验。基于此，本书选择了美国、德国、日本、古巴为个案进行研究。

农户是两型农业生产体系建设政府引导的重要客体之一，农户参与是两型农业生产体系建设成功的关键。本书通过对我国农户从事两型农业生产体系建设的自为与他励的实地调查和个案分析，得出两型农业生产体系建设政府引导的不可或缺。接下来，本书从有机精致农业建设、生态综合农业建设和都市休闲农业建设三方面梳理了我国政府引导的探索和不足。为了深入分析两型农业生产体系建设政府引导不足的原因，本书从劳动力、技术、资金、组织和制度五个维度分析了两型农业生产体系建设政府引导的制约因素。对政府引导的不足及其制约因素进行深入分析后，结合国外关涉两型农业生产体系建设政府引导的成功经验，本书提出了我国两型农业生产体系建设政府引导机制的理论体系，提出了中国两型农业生产体系建设政府引导机制构建的培育要素和支持系统，即两型农业理念培育机制、两型农业法律规范机制、两型农业市场激励机制、两型农业技术支撑机制和两型农业组织协同机制。

为了把理论应用于实践，检验理论的可靠性，本书通过运用 DEA 分析方法、AHP 分析方法、灰色关联度分析法及 MATLAB 三维动态模型，对中国 31 个省（自治区、直辖市）政府引导的效果进行实证评价，同时，对不同区域的政府引导效果进行分析评价，形成对不同农村区域两型农业生产体系建设政府引导机制有效性的判断依据。通过对政府引导效果进行分析评价，为完善两型农业生产体系的政府引导机制提供决策支持。

关键词：两型农业；政府引导；机制

Abstract

Agriculture in human society, with a history of 10, 000 odd years, has developed into its modern stage after experiencing the primary and traditional stages successively. Modern agriculture, known as petroleum agriculture, however, in recent decades has met with a stalemate. China, too, as a successor to the West that, in its process of modernization, has followed the basic model of developing modern agriculture, is now facing the dilemma: on one hand, in order to meet the ever – increasing demands for agricultural products, China has to develop with tremendous efforts modern agriculture to constantly raise food production; on the other hand, it has to reduce energy consumption and environmental pollution to tackle with the greater – than – ever pressure from both resource and environment, and meanwhile ensure the security of its agricultural products. It has been proved that this dilemma will not be solved unless China commits itself to resource – saving and environment – friendly agriculture (Two – Oriented Agriculture) rather than industrial agriculture once popular in west countries which is characterized by massive production, high yield, high energy consumption and high level of pollution.

All around the world, it has become common that governments provide support and guidance to the development of agriculture in their countries. So in China, a common view has been held by researchers who are studying Two – Oriented Agriculture that Chinese government needs to interpose in the construction of the Two – Oriented Agricultural Production System. The government plays the main part in the construction, but its role is not exclusive, it also needs to interact with markets and the society. Only by distinguishing its role from the roles of markets and the society can a government focus its attention on regulation and guidance in the construction of such system and bring about a cumulative effect of its policy.

This research begins with an explanation of the connotations of Two – Oriented Agriculture Production System from the multifunctional perspective and the post – modern perspective with an aim to evoke its new implications. In this chapter, it also illustrates four different forms of agriculture, i. e. , Two – Oriented Agriculture, Traditional Agriculture, Modern Agriculture and Alternative Agriculture together with their relationship with each other. It points out that Two – Oriented Agriculture fundamentally integrates Traditional Agriculture and Modern Agriculture and the term Alternative Agriculture is exactly another expression of Two – Oriented Agriculture, which, according to its developing model, can be put into three categories: Organic Agriculture, Comprehensive Ecological Agriculture and Leisure and Sighting Agriculture. Besides, this chapter states the reasons why, in constructing Two – Oriented Agriculture Production System, a government's guidance is only too necessary from the aspects of public goods, externality, information asymmetries and market failure, and then explores the role and significance of governments in the construction of Two – Oriented Agriculture Production System in the process of marketalization. To establish a government – guidance mechanism for the construction of the Two – Oriented Agriculture Production System in China, we need to use for reference the successful experience of other countries. Therefore, this research chooses America, German, Japan and Cuba as case studies.

Farmers are the main object to whom a government provides support and guidance in the construction of Two – Oriented Agriculture Production System, so the participation of farmers is regarded as the key to the successful operation of such system. Accordingly, this study also conducts a field survey of the farmers in China who have been engaged in Two – Oriented Agriculture, some acting self – consciously, the others in response to some guidance. After studying these cases carefully, the research draws that it's necessary and indispensable to introduce the government – guidance mechanism in the construction of Two – Oriented Agriculture Production System. In succession, this chapter proceeds to probe how the government – guided mechanism operates in developing Organic Agriculture, Comprehensive Ecological Agriculture and Leisure Agriculture respectively in China, and meanwhile reveals the deficiencies resulting from the restraining factors such as labor force, technology, funds, organization and management system. Last but not the least, this research puts forward a theoretical framework of a government – guided mechanism for the construction of a well – tailored Two – Oriented Agriculture Production System by referring to the successful experience of other countries. In ending the research a support system, including an idea – cultivating mechanism, a legal mechanism, a market incentive mechanism, a technical support mechanism and an organization coordination mechanism, is also suggested.

To make the study reliable, such research methods as DEA, AHP, Grey Related Analysis and MATLAB were adopted to make an empirical evaluation of the effects that the guidance from 31 provincial, regional and municipal governments had upon the construction of Two – Oriented Agriculture Production System within these areas. Based on the analysis of such evaluation, some data were drawn on the validity of the government – guided mechanism. As a consequence, these data will provide decision support to improve and perfect the government – guided mechanism for the construction of Two – Oriented Agriculture Production System.

Key Words: Two – oriented Agriculture; government – guided; mechanism

CONTENTS

目　录

第一章 导 论

第一节 研究背景、目的和意义

一、研究背景

石化农业在 20 世纪 60 年代被世界粮食首脑会议确立为农业现代化的发展模式。石化农业大大提高了农产品的产量，但其弊端是：一方面，依靠化肥农药带来的土地生产率的提高速度正在逐渐降低。来自联合国粮农组织（FAO）的数据显示，进入 20 世纪 90 年代以来，世界粮食产量开始徘徊不前，基本停留在 19 亿吨左右，而化肥和农药的投入却丝毫没有减少。另一方面，过量施用化肥和农药造成了土壤污染、水源污染，危害人体健康、破坏生态环境和生物多样性。同时，随着全球人口和经济规模的不断增长，人类过度消耗石化资源，排放大量温室气体，导致全球气候变暖已经成为不争的事实。农业是与自然环境双向互动的产业，它最能直接感受到全球气候变暖带来的影响，同时也通过源源不断地排放温室气体，加剧着气候变化。全球气候变暖使农业将面临更加复杂、多变、不可预测的生产环境，温度升高、极端气候、干旱及荒漠化和病虫害等严重威胁着粮食产量。气候变化和生态环境的恶化持续为我们敲响"粮食安全"的警钟。

目前，中国是世界第一大农药生产国，还是世界化肥生产和消费量最大的国家。随着我国向土地中投放的农药和化肥越来越多，其负面效应也越来越大。其中最大的就是对土地和水资源的严重污染和伤害。当前中国农业的发展面临严峻的资源环境约束，如何用后现代理念引领中国农业可持续发展已成为迫切需要研究解决的重大现实问题。党的十六大明确提出了建设现代农业的重大任务，党的十六届五中全会进一步提出了推进现代农业建设的新要求，党的十七届三中全会提出到2020年全国农村改革发展的基本目标之一，是基本形成资源节约型、环境友好型农业生产体系。

二、研究目的和意义

中国是后发展国家，在走向现代化的过程中基本沿袭了西式现代农业的发展模式。随着化肥、农药和地膜的大量使用，我国农业资源与环境问题日益严重。为了实现我国农业经济和资源环境保护的和谐发展，必须改变西式现代农业的发展模式。2008年10月，中共在第十七届中央委员会第三次全体会议上正式提出资源节约型、环境友好型农业（简称两型农业）。

两型农业发展战略提出后，众多专家学者对两型农业的概念和意义、两型农业的发展与评价、生态农民的影响因素及培育和两型农业利益相关主体的博弈等进行了研究。政府对农业进行支持保护和引导成了世界普遍性的现象。资源节约型、环境友好型农业生产体系建设是一项复杂、庞大的系统工程，需要政府方面的引导。政府是两型农业生产体系建设中的重要主体，但不是唯一主体，它需要在与市场、社会的互动中解决两型农业生产体系建设问题。只有恰当区分政府与市场、社会的边界，政府才能真正找准调控和引导两型农业生产体系建设的着力点，形成政策的累积效应，从而为现代农业如何更好地向两型农业转型提供理论与实践指导。基于此，资源节约型、环境友好型农业生产体系建设的政府引导机制亟待研究。

第二节　国内外研究综述

一、国外研究综述

1. 国外关于可持续农业的理论研究

在殖民者对美洲大陆进行开发后短短不到一百年的时间里，北美大草原的肥沃土壤就大量流失，严重影响了美国农耕体系的可持续发展。美国在不到百年的时间内就穷尽了地力，而中国农耕历经四千余年，土壤依旧肥沃，且养活了数倍于美国的人口。原因何在？这使得美国农业部土壤局局长、威斯康星州立大学土壤专家富兰克林·金萌生了探究东亚国家农耕方式的想法。1909 年春，金教授携家人远涉重洋游历了中国、日本和朝鲜，考察了东亚三国的古老农耕体系，并与当地的农民进行了深入交流。在这次旅行中，金教授发现了东亚农业模式与美国的区别、两者的资源禀赋差异以及东亚模式的优越性。东亚传统小农经济从来就是"资源节约、环境友好"，且可持续发展的。东亚三国农业生产的最大特点是高效利用各种农业资源，甚至达到了吝啬的程度，但唯一不惜投入的就是劳动力。考察后金教授出版了《四千年农夫：中国、朝鲜和日本的永续农业》❶ 一书，这部著作在20 世纪 50 年代成为美国有机农业运动的《圣经》，金教授也成为引领那个时代美国有机农业运动的先驱。

2. 国外关于节约农业资源与保护农村生态环境的研究

20 世纪四五十年代，"有机农业"概念被美国学者罗德尔提出，20 世纪 60 年代肯尼斯·鲍尔丁（Kenneth Boulding）提出"循环经济理论"❷。20 世纪 90 年代英国环境经济学家 Pearce 和 Turner 认为，农业生产过程中遵循减量化（Reduce）、再利用（Reuse）、资源化（Recycle）原则是实现农业可持续发展的有效途径。从 20 世纪 90 年代开始，西方发达国家将现代信息技术、生物技术、工程装备技术等具体运用到了农田管理中，从而开始出现现代"精准农业"。

3. 国外关于传统农业改造的研究

农业能不能成为发展中国家经济增长的源泉，如何改造发展中国家的传统农业，一直是西方经济学家们争论和研究的中心问题。美国

---

❶ ［美］富兰克林·H. 金：《四千年农夫：中国、朝鲜和日本的永续农业》，程存旺、石嫣译，东方出版社 2011 年版。

❷ Boulding K. E., The economies of the coming spaceship earth, In H. Jarrett（ed.），Environmental Quality in a Growing Economy. Resources for the Future，Baltimore Maryland：Johns Hopkins Press，1966，p. 3 - 14.

学者西奥多·W. 舒尔茨在其《改造传统农业》❶ 一书中提出了改造传统农业的对策。他认为改造传统农业首先要建立一套适用于传统农业改造的制度；其次，要从供给和需求两方面为引进现代生产要素创造条件；最后，对农民进行人力资本投资。

4. 国外研究评价

两型农业生产体系是我国的首创，国外并无这一提法。但国外的循环农业、生态农业、有机农业、精准农业等农业形态和我国的两型农业生产体系是相关的。因此，国外关涉两型农业生产体系建设的成功经验可以为我们所借鉴。但纵观国外研究，关涉两型农业生产体系建设政府引导机制方面的专门研究还尚未发现。

二、国内研究综述

1. 两型农业生产体系的概念和意义

2008 年 11 月 14 日，中共十七届三中全会《中共中央关于推进农村改革发展若干重大问题的决定》（以下简称《决定》）❷ 从科学发展观的视角对两型农业生产体系的概念和意义进行了阐述，认为建立两型农业生产体系，就是通过资源节约型技术和环境友好型技术的大力推广，以提高农业资源利用效率和生态环境保护。孙佑海❸从循环经济的视角解释"两型农业"。他认为，"两型农业"的实质就是循环经济在农业上的运用，即农业循环经济。乌东峰❹等从"两型社会"视角解释"两型农业"，认为两型农业生产体系是人类科学利用农村社区资源进行生产，以促进农业和农村的可持续发展。

2. 循环农业、生态农业、有机农业、低碳农业等农业形态的研究

林毅夫（1992）的《制度、技术与中国农业发展》❺ 以现代经济

❶ ［美］西奥多·W. 舒尔茨：《改造传统农业》，梁小民译，商务印书馆 2006 年版。

❷ 中共十七届三中全会决定解读：为什么要建立资源节约型、环境友好型农业生产体系，http://guoqing.china.com.cn/zwxx/2011-10/14/content_23630174.htm.

❸ 孙佑海等：《构建资源节约型、环境友好型农业生产体系研究》，载《环境保护》2009 年第 4 期。

❹ 乌东峰等：《资源节约型、环境友好型农业生产体系研究》，载《湖南社会科学报》2009 年 4 月 10 日，第 4 版。

❺ 林毅夫：《制度、技术与中国农业发展》，格致出版社、上海三联书店、上海人民出版社 1992 年版。

学的方法研究中国农业发展方面的问题，内容侧重制度和技术方面的分析；罗必良（2009）的《现代农业发展理论——逻辑线索与创新路径》❶ 以前沿的分工理论为线索，构建现代农业发展的理论体系与创新路径。邓启明（2007）的《基于循环经济的现代农业研究：高效生态农业的理论与区域实践》❷ 主要对高效生态农业的起源、发展演变及科学内涵等进行理论分析，并对浙江高效生态农业的典型实践进行较深入的调查与实证研究；张一帆、曹均（2009）的《循环农业》❸ 对循环农业的知识进行了系统介绍；翁伯琦等（2010）的《生态强省建设与循环农业发展》❹ 指出，发展循环农业是生态强省建设不可或缺的组成部分；樊凯（2009）的《生态农业：农业发展的绿色之路》❺ 对国外生态农业的发展模式进行了介绍；单吉堃（2008）的《有机农业发展的制度分析》❻ 对有机农业的概念特征、标准以及有机农业认证制度进行了系统的清理和总结，着重阐明了有机食品认证的特点；新能源与低碳行动课题组（2011）的《低碳经济与农业发展思考》❼ 指出，全球气候变暖使农业发展面临新危机，低碳农业是农业发展的新选择。刘学敏、李晓兵等（2010）的《论节约型农业和节约型城市》❽ 论述了我国节约型农业的重要意义，分析了国外典型国家农业发展走过的道路和国内节约型农业的模式，构建了既符合节约型农业科学内涵，又适应我国农业发展具体实践的节约型农业评价指标体系。

---

❶ 罗必良：《现代农业发展理论——逻辑线索与创新路径》，中国农业出版社 2009 年版。

❷ 邓启明：《基于循环经济的现代农业研究：高效生态农业的理论与区域实践》，浙江大学出版社 2007 年版。

❸ 张一帆、曹均：《循环农业》，中国农业出版社 2009 年版。

❹ 翁伯琦等：《生态强省建设与循环农业发展》，中国农业科学技术出版社 2010 年版。

❺ 樊凯：《生态农业：农业发展的绿色之路》，中国社会出版社 2009 年版。

❻ 单吉堃：《有机农业发展的制度分析》，中国农业大学出版社 2008 年版。

❼ 新能源与低碳行动课题组：《低碳经济与农业发展思考》，中国时代经济出版社 2011 年版。

❽ 刘学敏、李晓兵等：《论节约型农业和节约型城市》，北京师范大学出版社 2010 年版。

3. 两型农业的发展与评价研究

曾福生教授（2010）在《长株潭城市群农业现代化引领区建设实证分析》❶一文中，在构建长株潭城市群"两型农业"发展水平衡量指标体系的基础上，提出了促进长株潭农业现代化引领区建设的若干对策。周栋良（2010）的博士论文《环洞庭湖区两型农业生产体系研究》❷构建了两型农业生产体系的综合评价指标体系，并对环洞庭湖区和湘阴县分别进行了两型农业生产体系建设的实证分析和个案研究。曹斌（2011）的博士论文《两型农业发展状况及其生产效率的研究》❸，建立了评价两型农业发展状况的指导性指标体系，并对省市县村四级行政区域的两型农业生产效率进行了评价。匡远配、曾锐（2010）在《长株潭试验区发展"两型农业"的对策研究》❹一文中，分析了长株潭"两型农业"发展中存在的问题，并从思想、生态环境、资源节约、资金、智力和制度等方面推进长株潭"两型农业"建设对策。张亚杰（2010）的硕士论文《湖北省"两型"农业发展评价研究》❺，在探索"两型"农业内涵的基础上，构建出一套评价"两型"农业发展的指标体系，并对湖北省时间和空间上的"两型"农业发展状态进行了评估和监测。周建华、乌东峰（2011）在《两型农业生产体系桥接的前置条件及其抗阻因素》❻一文中对两型农业生产体系建设的前置环境条件及其抗阻因素和对策进行了探讨。

4. 生态农民的影响因素与培育

霍生平（2011）的博士论文《资源节约型、环境友好型农业生产

---

❶ 曾福生：《长株潭城市群农业现代化引领区建设实证分析》，载《湘潭大学学报（哲学社会科学版）》2010 年第 2 期。

❷ 周栋良：《环洞庭湖区两型农业生产体系研究》，湖南农业大学 2010 年博士论文。

❸ 曹斌：《两型农业发展状况及其生产效率的研究》，中南大学 2011 年博士论文。

❹ 匡远配、曾锐：《长株潭试验区发展"两型农业"的对策研究》，《农业经济与管理》2010 年第 5 期。

❺ 张亚杰：《湖北省"两型"农业发展评价研究》，华中农业大学 2010 年硕士论文。

❻ 周建华、乌东峰：《两型农业生产体系桥接的前置条件及其抗阻因素》，载《求索》2011 年第 1 期。

体系中生态农民的培育研究》[1] 提出，我国两型农业生产体系发展要求农民从依赖石化农资农技的"石化农民"向运用两型农业生产技术的"生态农民"嬗变，并提出培育生态农民的对策。张利国（2011）在《农户从事环境友好型农业生产行为研究——基于江西省 278 份农户问卷调查的实证分析》[2] 中，以江西省 278 个农户为研究对象，通过计量分析方法考察影响农户从事环境友好型农业生产行为的因素。向东梅（2011）在《促进农户采用环境友好技术的制度安排与选择分析》[3] 一文中分享了环境友好技术进步预期收益、在降低环境友好技术进步预期成本和风险方面促进农户采用环境友好技术的制度安排。

5. 两型农业建设中相关利益主体的作用与博弈

杨安娜（2009）在《支持"两型农业"发展的财政金融政策选择》[4] 一文中，分析了当前财政金融支持农业发展方面存在的问题，从建立健全"两型"导向财政、金融政策体系视角提出优化"两型农业"财政金融环境，助推"两型农业"发展的政策建议。沈宇丹、杜自强（2006 年）在《环境友好型农业技术发展的难点和对策》[5] 一文中，针对环境友好型农业技术发展中所面临的技术约束、制度约束、供给和需求市场约束进行了分析，提出了相应的对策建议。张少兵、王雅鹏（2008 年）在《建设环境友好型现代农业的思考：难点与对策》[6] 一文中指出，在现阶段，环境友好型现代农业形态的发展难点表现为粮食问题、农民增收与环境保护的矛盾，以及新旧技术的替代性不强，文章最后针对难点提出了相应的协调对策。沈宇丹（2009）

---

[1] 霍生平：《资源节约型、环境友好型农业生产体系中生态农民的培育研究》，湖南农业大学 2011 年博士论文。

[2] 张利国：《农户从事环境友好型农业生产行为研究——基于江西省 278 份农户问卷调查的实证分析》，载《农业技术经济》2011 年第 6 期。

[3] 向东梅：《促进农户采用环境友好技术的制度安排与选择分析》，载《重庆大学学报（社会科学版）》2011 年第 1 期。

[4] 杨安娜：《支持"两型农业"发展的财政金融政策选择》，载《湖南社会科学》2009 年第 3 期。

[5] 沈宇丹、杜自强：《环境友好型农业技术发展的难点和对策》，载《生态经济》2009 年第 2 期。

[6] 张少兵、王雅鹏：《建设环境友好型现代农业的思考：难点与对策》，载《生态经济》2008 年第 1 期。

的博士论文《环境友好农业技术创新激励政策研究》❶结合知识和信息经济这一时代背景，基于创新系统理论的演化以及系统的观点和视角，分析了农业产业组织创新演变的机理和农业组织化对环境友好农业技术创新的功能。匡远配、罗荷花（2010）在《两型农业建设中相关利益主体间的博弈分析》❷一文中，基于利益相关者理论，深入分析了两型农业建设中相关利益主体之间的博弈行为。孟涛（2010）的博士论文《农村环境管理权均衡配置研究——基于四部门的动态分析》❸通过对地方政府、乡镇企业、农民、环保非政府组织四方效用函数动态分析了我国农村环境管理权的配置问题。

6. 国内研究述评

近年来，国内学术界主要对两型农业生产体系的概念和意义、循环农业、生态农业、有机农业、都市农业、低碳农业、两型农业的发展与评价、生态农民的影响因素与培育、两型农业建设中相关利益主体的作用与博弈等进行了研究。两型农业生产体系的建设是一项复杂的系统工程，离不开政府的引导。纵观国内外学术，相关的研究很少，由此决定了研究选题的重大理论价值和实践意义。

第三节　研究思路、方法与创新

一、研究思路

本研究拟在简要分析、回顾前人已有研究成果的基础上，综合应用农业经济学、农村社会学、环境公共管理学、环境法学等学科知识，围绕"什么是两型农业生产体系—为什么两型农业生产体系建设需要政府引导—两型农业生产体系建设政府引导的探索—两型农业生

---

❶ 沈宇丹：《环境友好农业技术创新激励政策研究》，华中农业大学 2009 年博士论文。
❷ 匡远配、罗荷花：《两型农业建设中相关利益主体间的博弈分析》，载《财贸研究》2010 年第 3 期。
❸ 孟涛：《农村环境管理权均衡配置研究——基于四部门的动态分析》，中国海洋大学 2010 年博士论文。

产体系建设政府引导的制约因素—如何建构两型农业生产体系建设的政府引导机制—两型农业生产体系建设政府引导机制的评价"的思路，主要分九个部分展开研究（见图1.1）。先从两型农业生产体系的基本概念入手，界定"两型农业生产体系"的内涵，然后从两型农业与传统农业、现代农业的关系，两型农业与"替代农业"形态的关系对两型农业与相关农业形态的关系进行了比较。

接下来，从两型农业的公共品、外部性、信息不对称的特征及其市场失灵方面论证了两型农业生产体系建设需要政府引导的缘由。同时，对市场化进程中政府在两型农业生产体系建设中的作用进行了探讨。为了进一步构建我国两型农业生产体系建设的政府引导机制，需要借鉴国外关涉两型农业生产体系建设政府引导的成功经验。基于此，本书选择了美国、德国、日本、古巴为个案进行研究。

农户是两型农业生产体系建设政府引导的重要客体之一，农户参与是两型农业生产体系建设成功的关键。本书通过对我国农户从事两型农业生产体系建设的自为与他励的实地调查和个案分析，得出两型农业生产体系建设政府引导必不可少。尽管两型农业的实践形式和表现形态多种多样，但可将其归结为三种主要的发展模式：有机精致农业发展模式、生态综合农业发展模式和休闲观光农业发展模式。接下来，本书从有机精致农业建设、生态综合农业建设和都市休闲农业建设三方面梳理了我国政府引导的探索和不足。为了深入分析两型农业生产体系建设政府引导不足的原因，本书从劳动力、技术、资金、组织和制度五个方面分析了两型农业生产体系建设政府引导的制约因素。对政府引导的不足及其制约因素进行深入分析后，结合国外政府引导的成功经验，本书提出了建构我国两型农业生产体系建设政府引导机制的路径。为了把理论应用于实践，检验理论的可靠性，本书通过运用 DEA 分析方法、AHP 分析方法、灰色关联度分析法及 MAT-LAB 三维动态模型，并结合中国 31 个省（自治区、直辖市）政府引导的实际效果进行实证评价。通过对政府引导效能进行分析评价，为完善两型农业生产体系的政府引导机制提供决策支持。最后是本书的结论部分，得出本研究的结论并提出改进建议。

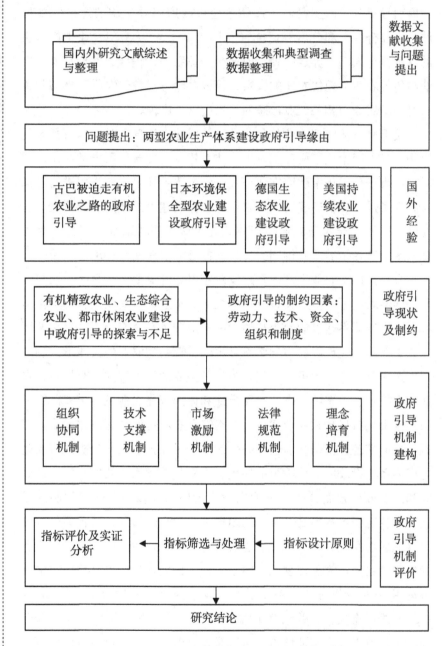

图 1.1　研究技术路线

二、研究方法

在研究方法上注重规范分析与实证分析相结合，定性分析与定量分析相结合，文献研究与实地调研相结合。具体的研究方法主要包括：

一是采用统计年鉴数据分析我国两型农业生产体系建设面临的制约因素，并利用这些数据实证检验我国两型农业生产体系建设政府引导机制的绩效。

二是采用实地调查的研究方法。为了研究目前我国农户从事两型农业生产体系建设的自为与他励行为，深入农村，对农户进行访谈与问卷调查，为进一步计量分析获取第一手资料。

三是定性分析与定量分析相结合。在对农户从事两型农业生产现状调研的基础上，对农户从事两型农业生产的自为和他励行为进行实证研究，同时，综合应用专家咨询法（DelPhi）、层次分析法、灰色关联度分析法，从理念培育、法律规范、市场激励、技术支撑和组织协同方面着手，初步构建两型农业生产体系建设政府引导机制的综合评价指标体系。另外，通过运用 DEA 分析方法及 MATLAB 三维动态模型，并结合中国 31 个省（自治区、直辖市）政府引导的实际效果进行实证分析。

三、创新点

本研究是对中国两型农业生产体系建设政府引导机制的原创和原理性的系统研究，具有学科建设价值和建设美丽中国新农村的实践价值。对中国农村、农业、农民和整个社会的可持续发展有着重要的牵引和指导价值。

1. 首次提出和论证了中国两型农业生产体系建设政府引导机制理论体系，为中国农村环境管理学研究和农业发展研究拓展了新空间。

2. 从多功能视角和后现代视角阐释两型农业生产体系的内涵，赋予其新的意蕴。同时，梳理了两型农业、传统农业、现代农业及"替代农业"形态的关系，提出了两型农业是传统农业和现代农业的有机整合，"替代农业"形态只是两型农业表现形态的观点。并将两型农业的实践形式和表现形态归结为三种主要的发展模式：有机精致农业发展模式、生态综合农业发展模式和休闲观光农业发展模式。

3. 首次从劳动力、技术、资金、组织和制度五个维度分析了两型农业生产体系建设政府引导的制约因素。

4. 首次提出中国两型农业生产体系建设政府引导机制构建的培育要素和支持系统，即两型农业理念培育机制、两型农业法律规范机制、两型农业市场激励机制、两型农业技术支撑机制和两型农业组织协同机制，创新人们对我国政府引导两型农业生产体系建设的认知思路。

5. 首次构建中国两型农业生产体系建设政府引导机制的评价体系和评价方法。通过运用 DEA 分析方法、AHP 分析方法、灰色关联度分析法及 MATLAB 三维动态模型，对各个影响因素进行精确分析，对不同区域的政府引导效能进行分析评价，形成对不同农村区域政府引导机制有效性的判断依据，为改进政府引导机制效率提供决策支持。

第二章 两型农业生产体系建设政府引导理论基础

现代"石化农业"把农药化肥、大规模的单一种植、大型机械等工业化的农业生产当作解决人类生存和发展的必然选择。但现代"石化农业"发展至今已步入不可持续的死胡同。在批判和反思现代"石化农业"的基础上，后现代主义哲学家们提出了建设性后现代主义农业观以及"建设性后现代农业"的概念。中国农业发展的乌托邦不应重蹈西方现代化的覆辙，而应借助自己得天独厚的资源优势走出一条现代化和后现代转折并驾齐驱的新路，即两型农业之路。本书从两型农业生产体系的基本概念入手，界定了"两型农业生产体系"的内涵，然后从两型农业与传统农业、现代农业的关系，两型农业与"替代农业"形态的关系对两型农业与相关农业形态的关系进行了比较。接下来，从两型农业的公共品、外部性、信息不对称的特征及其市场失灵方面论证了两型农业生产体系建设需要政府引导的缘由。同时，对市场化进程中政府在两型农业生产体系建设中的作用及政府引导机制的构成进行了探讨。

第一节 两型农业是必要的乌托邦[1]

现代人类大约是在二十万年前演化而成的。在大多数时间，人类只是一种次要的灵长目动物。但是，在一万年前，一项根本性的发明彻底改变了人类这个物种。这个发明就是农业。农业一直是人类干预

---

[1] 肖建华、乌东峰：《两型农业：必要的乌托邦》，载《农业考古》2013 年第 4 期。

自然资源与生态环境的活动，是一个内涵非常广泛的大概念，其定义随着时空和认识主体的不同而变化。在英国人看来，农业就是种植业；在美国人看来，农业是一种"行业"或"系统"；在法国人看来，农业是一个产业体系。中国历来强调农业的基础地位，对农业的定义包括"事业""部门""产业"三个阶段。❶ 农业有狭义和广义之分，狭义上的农业仅指种植业或农作物栽培业，而广义上的农业是指从动植物种养到农产品加工、销售、服务的完整产业链。本书的农业指广义范畴的农业，即大农业。人类农业经历一万余年，已从原始农业、传统农业发展到现代农业。

一、现代农业的不可持续性

发达国家的现代农业建设约始于 18 世纪末 19 世纪初，20 世纪六七十年代基本完成。现代农业是一种技术、资本和能源密集型农业，是西方发达国家将现代科学技术、现代工业和现代管理方法应用于农业的结果。大量使用以石油产品为动力的农业机械及石油制品为原料的化肥、农药等农用化学品，机械化和化学化是其共同的特点。因此，在当代西方又被简称为"工业式农业"或"石化农业"。20 世纪60 年代末，世界粮食首脑会议将"石化农业"模式确立为农业现代化的必由之路。这样，从发达国家到发展中国家，"石化农业"迅速成为全球农业发展的主要模式。"石化农业"大大提高了农产品的产量，在全世界养活了比原来预期多 10 亿以上的人口。但随着社会经济的发展和科学技术的进步，人们逐步认识到"石化农业"的弊端：过量和滥用化肥农药造成严重污染、危害人畜健康，导致土壤侵蚀、能源危机，水源、森林、生态环境以及生物多样性等遭到破坏。

1. 当前农业生产面临严重的生态资源危机

农药对土壤的污染始自 19 世纪 40 年代使用的 DDT 农药。据统计，陆续投放到自然界中的各类农药总量已达 800 万吨。农药的大量使用造成了土壤、大气和水资源的污染，同时，在动植物体内产生了

---

❶ 卢布：《重新认识当代中国农业》，载《中国农学通报》2009 年第 25 期。

化学农药的残留、富集致死效应，这些已经成为破坏生态环境、生物多样性和农业持续发展的重大问题。同时，由于世界人口的增长，对耕地、牧场的需求量日益增加，现代农业导致森林受到前所未有的破坏。美国《时代》杂志报道，地球上80%的原始森林已被伐到毁灭，大部分饮用水严重污染，大部分湿地退化、消失，大部分可耕地丧失种植能力。全球荒漠化土地已超过3600万平方公里，占地球陆地面积的1/4。

化肥的作用为人所共知，据联合国粮农组织（FAO）统计，化肥在对农作物增产的总份额中占40%～60%，但不科学不合理使用化肥会造成水体污染与江河湖海富营养化、破坏臭氧层、农田肥力下降、农产品质量变差。另外，现代"石化农业"对生物多样性已构成了严重威胁。除化肥农药对生物多样性造成的危害外，其中最直接的方式就是单一品种的大范围推广。大多数人认为高产植物品种和优良家畜品种的引进和推广，是现代农业发展的象征。诚然，这种大范围采用高产品种确实可以在短时间内大大提高产量，但是也存在着很大的隐患：植物基因资源的减少，品种选育的遗传背景过于单一，有点类似近亲繁殖；大面积地种植一种作物可能会使人类受到突发灾难性病虫的威胁；大面积地种植单一品种，会加倍扩大病虫害发生时造成的损失。据FAO估计，未来十多年中，现存90%的主要农作物（水稻、小麦、玉米和高粱等）基因资源将面临灭绝的危险。

2. 当前"石化农业"模式的石化资源增产乏力

"石化农业"的两大"法宝"就是农药和化肥。农药和化肥的大量使用提高了土地生产率。但土地生产率的增幅没有随着农药、化肥的使用而逐步提高，相反，土地生产率的提高速度随着化肥和农药的大量施用而逐渐降低。根据FAO的报告，进入20世纪90年代以来，随着农药和化肥的大量使用，世界粮食产量没有相应地增长，而是停留在19亿吨左右徘徊不前。英国大卫·鲍尔森的研究表明，化肥在提高农业单产的潜力上是有限度的。而农药的不断使用导致害虫抗药性增强。可见，化肥、农药能够实现粮食增产的正面效应，已经逼近最大潜力，依靠石化能源保障农业生产率的提高速度正在逐步降低。

3. 当前"石化农业"模式对社会的破坏严重

在现代农业工厂式规模化的强势生产方式下，现代农业只为少数利用机械、石油化学制品进行土地耕作的农民带来了财富。而家庭农业成员由于无法抵御现代农业规模经济下价格优势的冲击，无力参与市场竞争。在美国，每星期面临破产的农户有上千家，并时有农户自杀的现象发生。农民们面临着"不扩产，就出局"的痛苦选择，这对小规模的种植户来说是非常不利的，因此，每年美国都要失去数千名农民。1993—1997 年，美国中等规模的家庭农场减少了 7.4 万个。截至 2010 年，美国 2% 的农场承担着销售 50% 农产品的任务❶。当西方国家在强大的价格支持下进行世界农产品倾销的同时，发展中国家的小农纷纷破产，农民背井离乡。当这些破产失业的农民涌入世界各地的城市和工厂谋求发展机会时，又给城市管理和城市就业带来了压力。

综上所述，由布雷顿森林体系和全球大农业公司强加给许多农民身上的农业现代化，很大程度上中断了可持续发展进程。正如 C. D. 弗罗登伯格所言："从技术的、经济的、社会的乃至精神的角度讲，随处可见的现代农业都处于一种杂乱无章的状态❷；农业技术几乎完全依赖于一种非再生的、逐步耗尽的、有毒的资源：矿物燃料和石油化学；从经济的角度讲，现代农业也是垮了的；从社会的角度讲，上百万个农业生产单位和农村社区消亡了；从精神的角度讲，现代农业在精神上也是衰败的。"用大卫·弗罗伊登博格的话说就是："现代农业暂时解决了养活 65 亿人的问题，但是却没有解决土壤侵蚀、土壤盐化以及农村贫困等古老问题。更有甚者，现代农业虽然支撑着现代城市和经济，却依赖矿物能源（煤、气和油），其基础摇摇欲坠❸。"而在柏瑞看来，"它迟早会给所有人带来毁灭"❹。可见，现代农业因

---

❶ 蒋高明：《美国廉价食品的代价》，载《科学时报》2010 年 5 月 7 日。

❷ ［美］C. D. 弗罗登伯格、筠筠：《后现代农业》，载《国外社会科学》1993 年第 4 期。

❸ ［澳］大卫·弗罗伊登博格：《走向后现代农业》，载《马克思主义与现实》2008 年第 5 期。

❹ Jay McDaniel and Ryan Norman：《Constructive Postmodern Agriculture》，载《山西农业大学学报（社会科学版）》2008 年第 5 期。

理论与实践的种种局限已陷入重重危机。

二、当代中国农业现代化进程的反思

中国是后发展国家，在走向现代化的过程中基本沿袭了西式现代农业的发展模式。几十年前，我国农民种地用的是粪便沤出来的有机肥，对付虫害也多采用一些有毒性的植物之类的土方法。从 20 世纪 80 年代起，化肥和农药才逐渐从国外引入。开始时，化肥被用作有机肥的补充，随着化肥的"速效"慢慢得到农民的认可，而施用有机肥又臭又累，农民们就开始放弃了有机肥，慢慢形成了种庄稼离不了化肥、农药的现状。中华人民共和国成立以来，尤其是改革开放 30 年来，中国农业和农村经济的发展取得了举世瞩目的巨大成就。2012 年的粮食总产量达到了 11791 亿斤，实现了"九连增"。在农业发展方面，实现了由粗放生产向集约化水平不断提高的历史性跨越。中国用占世界 7% 的耕地，养活了占世界 22% 的人口，美国人布朗"谁来养活中国人"的担忧破了产。

改革开放 40 年来我国农业发展迅速，但为此也付出了沉重代价。代价之一就是对土地和水资源的严重污染和伤害。中国是个历史悠久的农业大国。中国传统农业对土地生态文化的理解博大精深，已懂得合理利用和保护自然资源[1]。但近年来经济的快速发展和逐步融入全球经济一体化，对我国传统的生态友好型农业带来了很大冲击：精耕细作逐步被"轻减化"管理模式取代；大量种植绿肥、多种形式的间套复种模式等传统农业的做法逐步被单一种植、季节休闲所取代。农民用有机肥的越来越少，而倾向于使用更多清洁、速效、简便的化肥和农药。农民不愿意花费更多的时间采用传统的农作方式去管理农业生产。据调查，2007 年中国农药单位面积使用量比发达国家高出一倍，化肥年施用量占世界总量的 30%，而化肥、农药的利用率分别仅为 30% 和 40%，比发达国家低一半[2]。代价之二就是农村社区生活遭

---

[1] 乌东峰：《论中国传统农业生态观与治理》，载《求索》2005 年第 2 期。

[2] 叶兴庆：《2007：现代农业瞄准三大着力点》，载《半月谈》2006 年第 24 期。

到严重破坏。城镇化的快速推进和农村人口大量进城务工,一方面给经济增长与发展带来了收益,但另一方面由于农村人口尤其是强壮年劳动力的大量转移,使得务农劳力缺乏。除此之外,出现了地理意义上的"空心村"和经济意义上的"空心村"相互交织的"空心化"现象,严重影响到农业、农村的持续发展❶。农村"空心化"导致了农村留守儿童、留守老人、留守妇女人口比例过大、务农农民年龄偏大素质偏低、耕地抛荒、宅基地废弃、村庄处于半荒弃状态等问题。2012 年报道,江西安义 11 个自然村平均人口不到 8 人,有的村庄仅剩一人❷。

现代的"石化农业"把农药化肥、大规模的单一种植、大型机械等工业化的农业生产当作解决人类生存和发展的必然选择。但现代"石化农业"发展至今,越来越多的人开始意识到"石化农业"步入了不可持续的死胡同。因此,西方先进工业国家都在积极寻找所谓的"替代农业"。连美国农业也在考虑把"可持续农业"看作工业化农业的"替代方案"❸。我国农业发展目前面临的两难困境就是:既要大力发展现代农业,不断提高粮食产量以应对日益增长的农产品消费需求,又要在日益增大的资源与环境压力下保证农产品的质量安全,减少对环境的污染。现实表明,要想破解我国农业发展面临的两难困局,不能再走西式国家大规模、高产出、高消耗、高污染的工业化农业之路。那么,未来我国农业的发展之路如何走?

三、两型农业:后现代农业的乌托邦

英国人文主义者托马斯·莫尔(Thomas More)根据古希腊语臆造了"乌托邦"(utopia)一词,意思是"乌有之乡"或"不存在的地方"。因此,"乌托邦"总是被多数人认为是一种虚幻的或不切实际的、从未实现或永不可能实现的构想,从而将之与"空想""幻想"

---

❶ 王治河:《建设一个后现代的五型新农村》,载《江西社会科学》2010 年第 3 期。

❷ 冯志刚:《江西南坑村:一个人的村庄》,载《都市快报》2012 年 10 月 28 日。

❸ Jules N. Pretty. Regenerating agriculture:Policies and practice for sustainability. Washington, D. C.:Joseph Henry Press, 1995, p. 208.

"无意义"混为一谈。20世纪新马克思主义哲学家们所理解的"乌托邦"是指世界上普遍存在的一种精神倾向，趋向尚未到来的更好状态的意向，"乌托邦的"与"希望的""期盼的"等概念意思相近❶。可见，"乌托邦"是对未来的一种思考或者设想，包含着理想、希望和梦想。

"我们需要乌托邦吗？"这是联合国教科文组织《信使》杂志多年前的一个讨论命题，而对于当今现代农业的现状，重提"乌托邦"不仅很有必要，而且已经迫在眉睫。现代农业是与哲学意义上"现代性"相对应的。现代性指导下的现代农业虽提高了土地生产率，但不可避免地带来了一系列生态危机和社会危机。在当代西方国家，随着现代性弊端日益暴露，以挑战现代性为宗旨的后现代主义的影响也日益深入。

后现代主义是在批判和反思现代性问题中产生的。按照学术界比较一致的观点，后现代主义理论大致可以分为两派，即解构性后现代主义和建设性后现代主义。解构性后现代主义本着彻底否定和抛弃现代主义的宗旨，而对现代性的一切内容和形式进行批判和解构，甚至不对现在和未来提出任何明确的新主张；建设性后现代主义的根本特征则是在批判现代主义的基础上侧重于"建构"。

建设性后现代主义成为哲学领域反思现代农业的基础。建设性后现代主义推崇多元和谐的整合性思维模式，认为农耕是一个农人与土地共同创造的过程。建设性后现代主义倡导的后现代农业是一种可持续的"健康农业"，不是对现代不健康、不可持续农业的"反对"，而是对它的"超越"。较之现代农业，可将后现代农业的特征概括为以下八点❷：（1）生态性；（2）可持续性；（3）可再生性；（4）和谐；（5）多元；（6）感恩；（7）以"共同福祉"为旨归；（8）不排斥大，但以小为美。

---

❶　[美] 柯林·罗、弗瑞德·科特：《拼贴城市》，童明译，中国建筑工业出版社2003年版，第9－16页。

❷　王治河：《关于农业与农村发展的后现代哲学考量》，载《哲学动态》2010年第4期。

　　建设性后现代思想家不希望看到中国重蹈西方国家现代化的覆辙，而希望中国借助自己得天独厚的思想资源走出一条新路，即"后现代化"之路❶。为什么建设性后现代思想家把希望的目光投向中国，因为"中国目前的现代性还不是最坏意义上的现代性，中国的现代化尚未最终定型，中国还有机会调试自己、创造历史、推动现代化和后现代转折并驾齐驱❷"。中共在第十七届中央委员会第三次全体会议上正式提出，要在我国发展"资源节约型、环境友好型农业"（简称两型农业)❸。在建设两型农业中，一方面要节约资源，另一方面要保护环境，更好地协调人与自然的关系，对农业的经济效益、社会效益和生态效益进行综合统筹。我国首创的两型农业是迄今为止农业发展的最高形态，在一定意义上可以看作后现代农业的表现形态，是未来农业发展的"乌托邦"。

第二节　两型农业生产体系的理解

一、学术视野下的两型农业

　　纵观国内外文献，"两型农业"概念是中国首创，国外并无此理论术语。目前，学术界关于两型农业生产体系的定义主要有以下几种代表性观点：第一种是科学发展观意义上的"两型农业"❹；第二种是"两型社会"意义上的"两型农业"❺；第三种是循环经济意义上

　　❶　［美］大卫·格里芬：《后现代科学》，马季方译，中央编译出版社1995年版，第16页。

　　❷　裴勇：《为什么选择中国——中国之于建设性后现代运动的意义》，载王治河等主编：《中国过程研究（第二辑)》，中国社会科学出版社2007年版，第18页。

　　❸　《中国共产党第十七届中央委员会第三次全体会议公报》，载《人民日报》2008年10月12日。

　　❹　中共十七届三中全会《决定》解读：为什么要建立资源节约型、环境友好型农业生产体系. http://guoqing. china. com. cn/zwxx/2011 - 10/14/content_ 23630174. htm.

　　❺　乌东峰等：《资源节约型、环境友好型农业生产体系研究》，载《湖南社会科学报》2009年4月10日，第4版。

的"两型农业"❶。虽然三种解释各有特点，但也有相同之处，如都强调资源节约和环境保护，体现的都是一种大农业观念，都暗含两型农业生产体系要贯穿农业生产的全过程等，但第一种认识更为全面。因为第一种解释明确指出了建设两型农业生产体系的目标是转变农业发展方式，实现农业的可持续发展；核心是提高资源利用效率和保护生态环境；主要措施是大力推广节约型技术和环保型技术，培养农民新型观念；主要实践模式是循环农业、生态农业、节约农业等农业形态。

近些年来，我们对农业的基础地位有了进一步的认识。但是，对于两型农业的认识还落后于实践。笔者认为可从多功能视角、后现代视角进一步理解两型农业。

二、多功能视角下的两型农业

农业功能，简单地讲是指农业产业在一个国家或地区所起的作用。在发展中国家经济的转型中，农业充当了更为重要的工业部门的"女仆"，农业的重要作用被看作服从于加快工业化步伐的中心战略❷。很显然，这种作用主要是经济的，但农村与农业的价值绝不是在那块土地上种出的庄稼在市场上卖得的收益所能衡量的，农村与农业的巨大"外部效益"包括了一切的环境、生态、传统、价值、风俗。即农业还有其他重要作用：通过提供与土地、水、森林和生物多样性最为直接的物质和符号联结，它对国家自然资本的使用起到了重大作用；通过塑造农村地区（并且在城市移民居留地）的主导社会结构，它支持国家社会资本的建构；此外，对国家社会来说，国内（或国家的）农业是知识、价值、信仰、再创造、创造的灵感以及认同的源泉❸。可见，在人类文明发展的不同阶段中，农业的功能和作用表现为：经济功能、社会功能、生态功能和文化传承功能。农业不仅是

---

❶ 孙佑海等：《构建资源节约型、环境友好型农业生产体系研究》，载《环境保护》2009 年第 2 期。

❷ ［美］法布里齐奥·布雷夏尼等：《发展中国家农业的多重作用》，袁聚录译，载何增科、周凡主编：《农业的政治经济分析》，重庆出版社 2008 年版，第 383 页。

❸ 同上，第 398 页。

一个生产行业，更关乎自然环境和其他物种的和谐、大量人口的稳定和就业、农村的发展以及文化遗产的保护。多功能农业是农业进入工业社会以后的理性呼唤，它具备传统农业无可比象的优质特性与产能效益，必将成为人类农业和谐和可持续发展的新坐标。❶ 作为迄今为止最高形态的两型农业也追求农业的多功能，它不能仅追求农业的可持续发展，而应追求农业、农村和城市的协同可持续发展，同时还追求农业产出、环境友好、农村繁荣和农村文化传承的平衡发展。

三、后现代视角下的两型农业

当今西方最有影响的一种哲学文化思潮——后现代主义在现代性和现代化全面反思的基础上提出了自己的后现代农业观。后现代农业建立在论理和环境可持续性理论的基础上，将农民的福利，乡村社区的繁荣，以及人类赖以生存的生态共同体的健康作为优先考虑的目标。我国首创的两型农业是迄今为止农业发展的最高形态，在一定意义上可以看作后现代农业的表现形态，是未来农业发展的"乌托邦"。将后现代农业的基本原则与中国新农村建设相结合，创造性地发展一种农民尊重型、资源节约型、乡村社区繁荣型、环境友好型、环境优美型的后现代新农村，这应是中国两型农业题内的应有之义。

综上所述，笔者认为两型农业生产体系的基本内涵就是人类科学利用农村社区资源进行生产，采用社会方面公正、生态方面健康的种种方法去创造性地发展后现代新农村的农业生产经营模式。社会方面公正主要是承认并尊重农业和农民，这需要政府增加对农业的投入，让农民得到更好的医疗保健，接受良好的教育，参加包括艺术活动在内的丰富多彩的文艺活动。生态方面健康的方法主要是通过资源节约型、环境友好型技术创新及其制度安排，大力发展有机精致农业、生态综合农业、都市休闲农业等有利于节约资源和保护环境的循环经济农业形态，从而转变农业发展方式，促进农业可持续发展。

---

❶ 乌东峰、谷中原：《论现代多功能农业》，载《求索》2008 年第 2 期。

第三节 两型农业与相关农业形态的关系

一、两型农业与传统农业、现代农业的关系

1. 传统农业的低效率和生态平衡

传统农业是从奴隶社会到资本主义工业化以前，建立在使用牲畜、粪肥和畜力农具基础上的农业。正如舒尔茨所说，"完全以农民世代使用的各种生产要素为基础的农业可以称为传统农业"[1]。舒尔茨所说的传统农业实际上是一种生产方式长期没有发生变动，基本维持简单再生产、长期停滞的小农经济。但传统农业实行精耕细作，用养结合。物质和能量在农业内部的封闭式循环，基本维持了自然生态平衡，对自然资源起到了保护作用，这是传统农业的最大优点。

中国传统农业在春秋战国以前就懂得合理利用和保护自然资源，并善于巧妙诠释生物间共生互养的关系。可见，中国古代传统农学本质上是一种朴素的生态农学[2]。中国传统农业在其漫长的发展历程中，通过对生态环境治理的不懈探索，以一种恒稳的农业系统以及与其相适应的技术体系支撑了中华民族的传承与绵延[3]。中国农业走过几千年的悠久历史，人口密度大，土地连续利用，复种指数高，但地力并没有消失和枯竭。美国的农耕历史发展到200多年的时候，就发生了史无前例的人类生态灾难——"黑风暴"。中国博大的农耕文明曾经一度是东亚各国跟随、学习的对象。中国古农书曾是东亚各国共同使用的教科书，被公认是东亚各国古代科学发明的源泉。到了现代文明时期，很多西方学者也从中国的农耕文明中获益匪浅。1909年美国农业土地管理局长金氏考察了中国农业数千年兴盛不衰的原因，在1911

---

[1] ［美］西奥多·W. 舒尔茨：《改造传统农业》，梁小民译，商务印书馆2006年版，第4-28页。

[2] 乌东峰：《中国古代传统农学学理内涵与启示》，载《社会科学战线》2005年第3期。

[3] 乌东峰：《论中国传统农业生态观与治理》，载《求索》2005年第2期。

年写了《四千年农夫：中国、朝鲜和日本的永续农业》一书，其中对我国农民养地肥田的传统技术赞叹不已。

作为一个历史悠久的农业古国，中国农业历来注重兴修农田水利以发展灌溉，种植豆科作物和绿肥以及农牧结合，大量施用有机肥，实行轮作、复种等精耕细作的方式，这些正是中国传统农业的精华所在，对世界农业有卓越的贡献。但我国传统农业是典型的自给自足型小农经济，生产规模较小，农业部门结构单一；经营管理和生产技术比较落后，抗御自然灾害能力差；商品经济较薄弱，基本上没有形成生产地域分工等是其劣势。

2. 现代农业的高效率和不可持续性

关于什么是现代农业，学术界似乎还没有达成一致的定义。现代农业一般可以理解为"工业式"农业，即资本、技术和能源密集型农业，是指西方发达国家将现代工业、现代科学技术和现代管理方法大规模地应用于农业而发展起来的农业形态。现代工业式农业创造了农产品增产、农业生产率提高的奇迹，缓解了人口激增与粮食需求之间的尖锐矛盾，在农业历史上具有重要作用。

如上所述，现代农业在一定程度上违反了作为自然再生产和经济再生产相结合的农业本性，从而陷入了经济和生态的双重困境：资本替代土地的结果是，大量的能源消耗，巨额投入和沉重的财政负担，并且造成了环境污染和生态灾难。

3. 两型农业是对传统农业和现代农业的有机整合

传统农业是一种朴素的自给自足的生态农业，但其效率低下。现代工业式农业缓解了全球粮食供应的紧张状况，在消灭饥饿方面起到了重要作用，但是也带来了严重的生态环境问题。

我国农业背负着满足十几亿人口的粮食需求、创造良好的农村人居环境、解决几亿人的就业增收等诸多关系社会稳定和民族生存发展的沉重使命。如何兼顾我国农业的高产出和农村环境保护、农村繁荣发展目标的实现，是我国农业未来发展必须面对的现实问题。中国两型农业发展战略的提出标志着中国在对西方现代农业模式说"不"。中国是后发展国家，在走向现代化的过程中基本沿袭了西式现代农业的发展模式。在建设性后现代思想大师格里芬看来，在抵抗美帝国主义从而实现后现代转向进程中，中国扮演着一种独一无二的领导者的角色，认为中国是我们这个星球的希望所在❶。中国作为发展中国家，在某种程度上来说有条件回避现代化可能造成的一些不良后果，因为一些高度发达的现代化国家发展历程就是我们可以借鉴的。更何况就连美国农业也"在变"，也在考虑把"可持续农业"看作工业化农业的"替代方案"❷。而中国传统农耕的"天人合一"思想恰恰就是在倡导这一理念。20世纪90年代，日本农林水产省次官滨口义旷认为中国的传统农业技术揭示了"农业科技的发展方向"，对于克服"近代科学发展的停滞不前的矛盾"具有重要价值。因此，在建设两型农业生产体系过程中，我们不能忽视传统农业几千年的生命力，要重视、继承和发扬传统农业生产体系中的优势和精华，使之与两型农业生产体系合理地结合。

综上所述，两型农业在吸纳现代农业优点的同时，也将欣赏的目光投向被我们许多人弃之如敝屣的中国传统农业。这样一来，两型农业就成为站在一个新的高度对传统农业和现代农业的有机整合。这要求中国两型农业的发展既要吸收传统农业的智慧，又要结合现代科技的智慧，应选择生物化学技术为主、机械技术为辅的技术路线，将传统的精耕农作技术和现代农业技术相结合的方法，才能生产出健康的食物，也能使农民过上富裕和有尊严的生活，从而为地球的可持续存在，农业、农村的可持续发展做出贡献。

二、两型农业与"替代农业"形态的关系

农业发展至今，越来越多的人开始意识到现代的工业式农业步入了不可持续的死胡同。因此，西方先进工业国家都在积极寻找所谓的"替代农业"。近30年来，西方工业发达国家及发展中国家一直探索

❶ 参见柯布博士2005年10月在中国社会科学院哲学所发表的讲演："Process Philosophy and Its Contem-porary Relevance to the World in General and China in Particular"。

❷ Jules N. Pretty. Regenerating agriculture: Policies and practice for sustainability. Washington, D. C.: Joseph Henry Press, 1995, p. 208.

的"有机农业""精准农业""生态农业""循环农业""都市农业"等都是"替代农业"的表现形式。在全球变暖，减少"碳排放"的重大压力之下，"低碳农业"又成了新的关注点。

有机农业最广为人知的定义是一种不使用化肥和农药的耕作方式，但这未能说明有机农业的本质。有机农业是以实现可持续的生态系统、安全食品、良好营养、动物福利和社会公正等一系列过程为基础的、拥有完整系统的生产方式，其核心是把土壤看作一个有生命的系统并充分发挥有机物活性的积极作用。有机农业不仅是简单地控制或不使用农用化学品，它实质上是一种集传统与现代的综合农业模式。有机农业不像传统农业那样，仅以直接经验为指导，而是建立在现代先进的劳动生产工具和科学技术成果的基础上的。有机农业强调通过各种有机生产技术和措施，调节物质循环，将土壤、植物、动物、人类和整个地球的健康作为一个不可分割的整体而加以维持。

精准农业（Precision agriculture）又称精细农业、精确农业。精准农业是通过信息技术和自动化技术的综合应用，对农资、农作实施精确定时、定位、定量控制的现代化农业，主要体现在农业生产手段之精新，农业资源投入之精省，农业生产过程运作和管理之精准，农用土壤之精培，农业产出之优质、高效、低耗，是以提高农作物产量和品质、降低生产成本、减少农业活动带来的污染和改善环境质量为目的的效益型农业。

生态农业是指在保护、改善农业生态环境的前提下，遵循生态学、生态经济学规律，运用系统工程方法和现代科学技术，集约化经营的农业发展模式。与传统农业模式相比，生态农业的特点：一是运用生态学原理和系统的科学方法对农业进行设计，因地制宜；二是在良好的生态条件下从事高产量、高质量、高效益的农业，追求经济效益、社会效益和生态效益的有机统一；三是在洁净的土地上，用洁净的生产方式生产洁净的食品，提高人们的健康水平，促进农业的可持续发展。

循环农业是指在农作系统中，运用物质循环再生原理和物质多层次利用技术，推进各种农业资源往复多层与高效流动的活动，实现较少废弃物的生产和提高资源利用效率，实现节能减排与增收目的，促进现代农业和农村可持续发展的农业生产方式。"减量化""再利用""再循环"是发展循环农业必须遵循的三个原则。

都市农业是定位在城市化地区及其周边地区，充分利用大城市提供的科技成果及现代化设备进行生产，并紧密服务城市的现代化农业。都市农业是多功能的大农业，具有高度集约化、规模化、市场化、地域化、科技化特征，是集金融、生产、生态、生活、科学、教育、文化于一体的现代农业体系。都市农业不仅是以可持续发展为宗旨的事业，还肩负着传承农耕文明、促进生态提升、切实保护环境等社会责任，最终达成社会、经济及环境共进的多元化目标。

低碳农业是指以减少大气温室气体含量为目标，减少碳排放、增加碳汇和适应气候变化的农业形态。其关键在于提高农业生态系统对气候变化的适应性并降低农业发展对生态系统碳循环的影响，维持生物圈的碳平衡。

上述"替代农业"虽然实践形式多样，但在内涵和做法上均无本质差别，其在理论和技术上具有以下共同特征：第一，在农业生产中强调人与自然的和谐相处，反对与自然相对抗；第二，将农业生态系统视为一个有机整体，强调农、林、牧、副、渔的综合经营；第三，重视土壤的培肥，强调有机肥料的使用；第四，重视病虫杂草的生物防治和综合防治；第五，合理利用农业资源，保护农业环境；第六，保持稳定持久的农业生产力。这些共同特征正是两型农业的本质和精髓，两型农业比上述"替代农业"的概念更为广泛。由此看来，上述"替代农业"只是两型农业的表现形态而已。尽管两型农业的实践形式和表现形态多种多样，但可将其归结为三种主要的发展模式：生态综合农业发展模式、有机精致农业发展模式和休闲观光农业发展模式。

1. 生态综合农业发展模式

生态综合农业发展模式是指在保护、改善农业生态环境的前提下，遵循生态学、生态经济学规律，运用系统工程方法和现代科学技术，集约化经营的农业发展模式。"生态农业""循环农业""低碳农业"更多地体现了生态综合农业发展模式的特征。

2. 有机精致农业发展模式

"有机农业""精准农业"更多地体现了有机精致农业发展模式的特征。有机精致农业发展模式强调通过各种有机生产技术、信息技术和自动化技术的综合应用，促使农业结构纵深化、产品品质精致化、农业生产科技化、产品食用安全化永续发展的技术型农业生产方式。实质上它是一种集传统与现代的综合农业模式。

3. 休闲观光农业发展模式

休闲观光农业发展模式是定位在城市化地区及其周边地区，充分利用大城市提供的科技成果及现代化设备进行生产，并紧密服务城市，集金融、生产、生态、生活、科学、教育、文化于一体的现代农业体系。都市农业体现了休闲观光农业发展模式的特征。

第四节　两型农业生产体系建设的政府❶引导缘由

一、政府介入两型农业生产体系建设的必要性

主张经济自由、反对国家干预，这是从亚当·斯密等古典主义学者到当代的米尔顿·弗里德曼等新自由主义经济学家奉行的圭臬，他们认为市场可以自动调节从而实现均衡，最终实现资源帕累托最优配置❷。但市场能够有效配置资源，是建立在一系列严格假设之上的。现实经济生活中这些假设条件往往不能成立，就会出现所谓的市场失灵❸。从现有研究来看，市场失灵主要表现在四个方面：垄断、外部性、公共品和信息不对称。两型农业的有关特性将导致两型农业生产体系建设的市场失灵，但两型农业的发展尚处在比较初始的阶段，市

---

❶ 政府有广义和狭义之分。广义的政府泛指一切国家政权机关，包括立法、司法、行政机关以及一切公共权力机关；狭义的政府专指一个国家的中央和地方的行政机关。本论文是从狭义的角度来理解政府。

❷ 吴易风：《当代西方经济学流派与思潮》，首都经济贸易大学出版社2005年版，第183－202页。

❸ ［美］N. 格里高利·曼昆：《经济学原理》，梁小民译，机械工业出版社2005年版，第171－199页。

场垄断力量较为薄弱，所以，两型农业生产体系建设的市场失灵主要表现在三个方面：公共产品、外部性与信息不对称。下面将着重分析这三个方面的形成机制与解决方案。

1. 两型农业的公共品特征与市场失灵

消费上的非竞争性和非排他性是公共品的最大特征。因公共品消费具有非排他性和非竞争性而带来的"免费搭车"问题，使公共品在市场上的价格信号失灵，无法引导公共品的最优配置，由市场来提供公共品通常将低于最优数量，即市场机制分配给公共品生产的资源常常会不足❶。因此，在靠市场满足社会对公共产品需求缺乏效率的情况下，政府提供成为更好的选择。

在各种环境问题和社会问题丛生以及农业面临普遍危机时，欧盟提出了多功能农业理论，指出"除了生产功能外，农业必须能够维护农村，保护自然并成为农村活力的最大贡献者，在食品质量、食品安全、环境保护与动物福利等方面必须对消费者的关心与需求做出反应"。可见，农业的多功能性是指农业除了提供食品和纤维等主要经济品外，还能提供一系列具有多种功能的非经济品。

作为迄今为止最高形态的两型农业不能仅追求农业的可持续发展，还应追求农业、农村和城市的协同可持续发展，应是资源节约型、环境友好型、农民尊重型、乡村社区繁荣型、环境优美型的后现代新农村。两型农业的多功能性使其具备公共物品的性质，因为两型农业具有资源节约、环境友好等非经济品功能。两型农业公共品的非竞争性和非排他性特征，导致"免费搭车"不可避免，成本收益对称的市场激励原则失效，从而难以保证两型农业公共品的充足有效供给。"因为多功能特征，农业在农村地区扮演着极为重要的角色。对于那些成本和收益不能内部化因而缺乏有效率的市场的公共产品，存在政府发挥作用的空间。"❷

两型农业生产体系建设要求农户和企业采用资源节约型、环境友

---

❶ ［美］罗伯特·S. 平狄克、丹尼尔·L. 鲁宾费尔德：《微观经济学》，张军等译，中国人民大学出版社 2000 年版，第 582－583 页。

❷ OECD. Declaration of Agricultural Ministers Committee, 1998.

好型农业技术，而资源节约型、环境友好型农业技术开发难度大，周期长。同时，由于资源节约型、环境友好型农业技术是新技术，从研发到进入推广、应用必须经受不可预测的气候、自然条件的考验，以及技术的本土化等转化，所以预期收益不能保障，不确定性和风险加大。不断增加资金投入，技术创新才有可能。而资源节约型、环境友好型农业技术投资的沉没成本❶不仅会影响在位企业的退出，还会影响潜在企业的进入。两型农业技术投资的沉没成本某种程度上可以依靠完善各类市场机制以达到降低的目的，但是却无法完全依靠市场机制进行化解。只有在那些有能力为新的农业研究技术提供充足资金，并进行实际推广的国家，两型农业发展的技术研究、推广的风险和成本才会降低，从而推动两型农业的发展。因此，为建立这样一种能力，政府这只"看得见的手"提供充足的资金和科学资源就显得尤为重要。

2. 两型农业的外部性特征与市场失灵

长期以来，外部性问题一直是市场结构理论中的一个重要问题。不管是古典经济学家还是新古典经济学家都屡屡提及外部经济、外部不经济、社会成本与私人成本偏离等各种表述。亚当·斯密在 1776 年出版的经典巨著《国民财富的性质和原因的研究》（《国富论》）中，深入而系统地阐述了经济自由主义的理论和政策主张，并据此分析了政府在社会经济活动中的职责和作用。他主张将政府的职能严格限定在提供国防、司法等最基本的公共物品方面，坚决反对政府以任何形式干预私人经济活动。

19 世纪后期出现的以马歇尔为代表的新古典经济学，其本身就被视为英法古典经济学的延续和发展，其理论本质上仍然以亚当·斯密的经济自由主义为基础。外部性概念是阿尔弗雷德·马歇尔（Alfred Marshall）在 1890 年提出来的。继马歇尔之后，英国经济学家庇古（Pigou）在 1920 年出版的经典著作《福利经济学》一书中提出了"外部不经济"与"内部不经济"概念，从社会资源最优配置的角

---

❶ 沉没成本（Sunk Cost）是指那些一旦投入并承诺了专用用途后就不能回收的投资成本。

度，运用边际分析法，提出了"边际社会净产值"和"边际私人净产值"概念，建立了外部性理论。

按照庇古的理论，外部性是某个经济主体对另一个经济主体产生的一种外部影响，而这种影响不能通过市场机制得以纠正。对于负外部性来说，如图2.1所示，某个经济主体在活动过程中，由于其私人边际成本（MPC）小于社会边际成本（MSC），结果其边际外部成本（MEC）没有由经济主体来承担。根据边际收益（MR）等于边际成本（MC）的生产最优化原则，经济主体实际所生产的产量 Q_P 大于社会最优生产量 Q_S，结果出现经济主体实际生产的产量超出了社会需要。

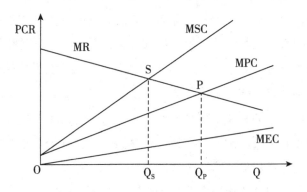

图2.1 负外部性的成因及其对效率的影响

对于正外部性来说，如图2.2所示，产生外部性的一方并没有得到全部收益，其私人边际收益（MPR）小于边际社会收益（MSR），根据边际收益（MR）等于边际成本（MC）的原则，经济主体实际所

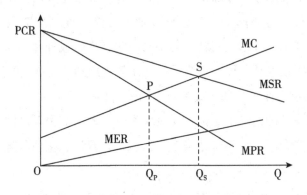

图2.2 正外部性的成因及其对效率的影响

生产的产量 Q_P 小于社会最优生产量 Q_S。这样，在正外部性的情况下，资源配置出现低效率状态，社会福利的帕累托最优没有实现。

庇古认为，外部性的存在使资源配置难以实现帕累托最优，在这种情况下，由政府出面对负外部性的产生者进行征税，或者对正外部性的产生者给予相应补贴，这样可以有效地消除私人成本与社会成本、私人利益与社会利益之间的偏差，从而保证市场机制正常发挥优化资源配置的作用。

1960 年，科斯提出"交易成本"这一重要范畴，从产权和交易成本的角度提出了解决外部性问题的新思路。科斯认为，只要产权被明确界定，且交易成本为零，那么，受到影响的有关各方就可以通过谈判实现帕累托最优结果；但交易成本大于零时，权利的初始界定将会影响资源配置的效果。但 Kneese 等人认为，许多公共资源根本不可能做到明确产权，即使明确了产权，由于环境污染或生态破坏具有长期影响，后代人的利益也很难得到保证。可见，国家对环境外部性问题的干预很有必要。国家的干预主要是通过对微观经济主体的行为进行规制以纠正市场失灵[1]。

企业和农户从事两型农业生产能节约资源和保护环境，具有强大的正外部性。在企业和农户从事两型农业产生强大正外部性的过程中，若得不到资源节约、环境改善的全部收益，就不可能对企业、农户等行为主体产生长久、强大的激励，而会导致行为主体行为动力不足，从而导致两型农业的供给不足。另外，如果正外部性所产生的利益可以被他人免费享受，又会导致他人可能过度利用甚至滥用该利益。要解决上述外部性问题，需要政府实施税收或补贴、通过产权的界定及对微观经济主体的行为进行规制等来达到社会最优的结果。

3. 两型农业的信息不对称与市场失灵

两型农业的信息不对称主要表现为生产者与消费者之间的信息不对称。生产者对两型农产品属性的认识，具有信息垄断优势，而消费

---

[1] Kneese, Allen V. and Schulze, William D. Ethics and Environmental Economics, in Handbook of natural resource and energy economics. Vol. 1, 1985, p. 191 – 195。

者由于受搜寻信息的成本所限，难以完全了解消费产品的属性。农户、农业企业往往通过申报无公害农产品、绿色农产品、有机农产品等认证证书的形式向市场传达信息，以获取因采用两型农业技术生产优质安全产品而带来的利益。但在获得证书后，由于政府对已经颁证的农产品可能不会再实施完全的监管，在利益诱惑下，农户、农业企业可能按照"折扣标准"生产无公害农产品、绿色农产品、有机农产品以降低成本，使产品品质下降，而消费者却难以察觉。可见，当高质量的两型农产品生产成本较高，且消费者不能直接观测产品质量时，农户有降低质量追求更高利润的投机倾向，这就会产生道德风险问题。而消费者与生产者、销售者之间的信息不对称造成了消费者无法找到合适的价格质量比。处于信息劣势的消费者不能确定高价格是否对应着高质量，从而不敢购买高质量的两型农产品。理性消费者的决策或购买行为使低质量的一般农产品把高质量的两型农产品"淘汰出局"，即出现了"柠檬市场"（lemon market）。由此看来，由于生产者与消费者之间的信息不对称，导致双方的逆向选择行为，造成农产品市场上"劣币驱逐良币"的柠檬市场问题❶。

两型农业的信息不对称导致市场的运行可能是无效率的，即出现了"市场失灵"。两型农业生产中的"市场失灵"导致的市场后果和绩效后果分别是，一方面，出现了低质量一般农产品驱逐高质量两型农产品的"逆淘汰"或"逆选择"，即"劣币驱逐良币"效应；另一方面，高质量两型农产品的生产者遭受严重的生产者损失，社会消费者承受严重的消费者损失，社会总福利会大大降低。

如何解决两型农业生产的信息不对称形成的逆向选择和道德风险问题？信息不对称理论指出：解决逆向选择和道德风险问题的方法是建立信号显示机制，使信息能够充分披露❷。政府负责传递信息的方式因中国人口众多、生产者数量庞大、公众环保意识较低等造成成本高昂而缺乏现实可行性。让生产者在政府强制或某种激励下主动向消

---

❶ 李功奎、应瑞瑶：《柠檬市场与制度安排：一个关于农产品质量安全保障的分析框架》，载《农业技术经济》2004 年第 3 期。

❷ 张维迎：《博弈论与信息经济学》，上海人民出版社 1996 年版，第 398 - 399 页。

费者传递品质信息，成为最可行的方案，这需要政府创造具有约束与激励效果的外部制度环境，加强对两型农产品认证体系的监管。

二、两型农业生产体系建设的政府引导作用

政府必须介入两型农业生产体系建设已成为当前我国两型农业生产体系建设研究中的共识。政府是两型农业生产体系建设中的重要主体，但不是唯一主体，它需要在与市场、社会的互动中解决两型农业生产体系建设中的问题。只有恰当区分政府与市场、社会的边界，政府才能真正找准调控和引导两型农业生产体系建设的着力点，形成政策的累积效应。

1. 农业、农村发展中的政府与市场

随着市场经济的发展，政府与市场的关系也处于运动变化中，基本上经历了从自由放任到国家干预，再到两者融合的历程。从西方市场经济的理论与实践来看，市场缺陷及市场失灵被认为是政府干预的基本理由，或者用布坎南的话来说，"市场可能失败的论调广泛地被认为是为政治和政府干预作辩护的证据"❶。政府干预措施起到了一定作用，特别是在"二战"后二三十年里保证了资本主义经济的持续"繁荣"。然而，人们逐步发现，如同市场本身是有缺陷的，市场会失灵一样，政府同样也会失灵；市场解决不好的问题，政府也不一定能解决得好，而且政府失灵将给社会带来更大的灾难，造成更大的资源浪费❷。可见，不管是市场还是政府，在发挥效用的同时，都有自身基因所决定的缺陷，市场失灵和政府失灵都有可能发生。沃尔夫用"不完善的可选事物间的抉择"回答了困扰经济学家多年的问题，他指出政府和市场之间的选择是复杂和多方面的。它既不是一种完全市场和不完全政府之间的选择，也不是一种不完全市场和完全政府之间的选择；相反，它是不完全市场和不完全政府之间的不完全结合，也

---

❶ ［美］詹姆斯·M. 布坎南：《自由、市场和国家》，吴良健、桑伍、曾获译，北京经济学院出版社 1988 年版，第 13 页。

❷ 陈振明：《市场失灵与政府失败——公共选择理论对政府与市场关系的思考及其启示》，载《厦门大学学报（哲社版）》1996 年第 2 期。

是两者之间的一种选择❶。

在农业发展中，国家干预市场失败同时可能引发政府失败已在多国实践中得到证明。如韩国的"新村运动"，由于政府角色未能及时转变造成了韩国现代农业发展的不足。到20世纪80年代，原有以政府干预为主的农业政策导致了农业生产过剩、农民收入下降和政府财政支出过重等问题，市场机制在农业生产中的重要性得到重新认识❷，这在第三世界国家也是如此❸。人们逐渐认识到，相比于直接干预农业生产，政府如何创造环境，构建一个自我调节的市场机制将更有助于农业发展目标的实现❹。

基于各国经济社会发展的不同阶段，国外农业农村发展中市场机制的积极作用得到肯定，但市场机制的发挥方式呈现了较大差异❺：新兴工业化国家重视培育农民和弱质农业生产的市场主体，消除制约农业市场化的制度因素，强调政府在纠正市场失败中的重要性。欧美发达国家由于具备较强的政府能力和较完备的公共服务体系，他们更注重制定一套适应农业市场化的农业政策。

2. 市场化进程中政府在两型农业生产体系建设中的作用

当前，我国正由计划经济走向市场经济，市场化进程中的两型农业生产体系建设需要政府与市场的分工合作，政府的职能主要是矫正外部效应，为经济活动主体提供公共产品和服务等，而不是替代市场主体从事经济活动。两型农业生产体系建设中的公共产品和服务主要表现在农村基础设施、制度以及科技等方面。

在两型农业生产体系建设方面，需要政府参与的一个明显活动是

❶ ［美］查尔斯·沃尔夫：《市场，还是政府：市场、政府失灵真相》，陆俊、谢旭译，重庆出版社2009年版，前言。

❷ 孙鸿志：《美国农业现代化进程与政策分析及启示》，载《世界农业》2007年第12期。

❸ ［美］彼得·蒂默：《国家在农业发展中的作用》，郤继红译，载何增科、周凡主编：《农业的政治经济分析》，重庆出版社2008年版，第314页。

❹ D. H. Pickard, The Role of Government in Agricultural Marketing, Journal of Agricultural Economics, vol. 33, no. 3, September 1982, pp. 361–368.

❺ 郁建兴、高翔：《农业农村发展中的政府与市场、社会：一个分析框架》，载《中国社会科学》2009年第6期。

(footnote)

提供物质基础设施。农村基础设施，灌溉、排水、道路、港口和水路、信息沟通、电力、市场设施等为市场体系的建立打下了基础，只有在这样的基础上，才能建立有效的两型农村经济。缺乏充分的农村基础设施建设，私人部门的投资利润会减少，也就降低了农村的活力。由此看来，两型农业生产体系建设中公共部门要为市场体系建立基本的农村基础设施，并保证农村市场体系有效运转。

发展两型农业离不开政府行为，但是并不代表政府要参与到两型农业生产体系建设的具体项目中去，它主要注重发展两型农业生产的制度安排，促进农户和企业形成两型农业生产的行为态度和主观规范。在正式制度设计上，主要围绕发展两型农业构建一系列相互配套、切实有效的法律法规和发展两型农业的价格、税收、信贷等政策。在非正式制度安排上，注重培养农户发展两型农业的意识。政府应加大农户发展两型农业的宣传教育，促进农户发展两型农业的参与意识和参与能力。

舒尔茨认为，在发展中国家，农场收入低不仅因为农民没有理性或缺乏有效配置农场资源的知识，还因为他们缺乏产生高收益的科技❶。两型农业生产体系建设中农户舍弃传统技术而采用资源节约、环境友好技术存在确定的技术转换成本，但技术转换的效益却不确定。这一点使得农户采用资源节约、环境友好技术充满风险。新的农业技术研究需要投入大量的研究资金，私人公司在资金投入中所占的份额很小，这就意味着，除非由公共部门直接投资，否则农业研究活动将会减少。"研究和推广"常常同呼吸、共命运，只有农民采用了新技术，研究结果才算是有用的。由于在科学家、政府推广机构和农民之间广泛地存在着文化和教育鸿沟，从而在三者之间难以建立有效的双向沟通渠道。这就需要政府在扫盲项目上，在农村沟通网络上，以及在对农业承担的公共义务上进行基本投资，以弥补这种文化和教育的鸿沟。

---

❶ ［美］彼得·蒂默：《国家在农业发展中的作用》，卻继红译，载何增科、周凡主编：《农业的政治经济分析》，重庆出版社2008年版，第316页。

3. 两型农业生产体系建设中政府职能的动态转换

如前所述，市场机制在农业生产中的重要性已得到各国认同。两型农业生产体系建设是一项复杂的系统工程，需要政府、农户、企业和社会组织的参与，也需要政府行政管控、市场激励和社会自治机制的综合运用。鉴于我国市场经济还未完全建立，部分经济主体力量弱小，政府应该对它们提供阶段性的扶持和培育。两型农业生产体系建设是一个长期过程，不可能一蹴而就，其作为一项制度变迁具有典型的阶段性特征。具体而言，大致可分为三个阶段：试点总结阶段、推广普及阶段和成熟完善阶段。

在试点总结阶段，政府制定两型农业生产体系建设的规划，选择有条件的地区先行先试，取得经验后逐步推广。在此阶段，政府是两型农业生产体系建设的发起者、推动者和组织者。在推广普及阶段，由点到面、由少到多地在全国范围内推广普及两型农业生产体系建设。在此阶段，政府应引导农户及其自组织参与两型农业生产体系建设的组织实施，农户及其自组织应逐渐在两型农业生产体系建设中起主导作用和扮演主要角色。在成熟完善阶段，政府基本退出了两型农业生产体系建设的主体行列。政府的作用是继续提供农村公共产品，履行公共服务职能。农户及其自组织已成为两型农业生产体系建设中的主体。

可见，随着两型农业生产体系建设的不断深入和市场体系的不断完善，政府在两型农业生产体系建设中的职能应发生转换，由直接管理变为"因势引导"，逐渐由"看得见的手"变为"看不见的手"。即政府对市场和社会提供的阶段性扶持和培育应随着其能力的提升而逐步退出，否则政府行政力量会逐渐侵蚀市场和社会的自主性。

第五节　两型农业生产体系建设政府引导机制构成

两型农业生产体系建设是一项系统工程，其建设需要政府、企业、农户、农村合作经济组织、社区等主体的共同努力，同时离不开政府管制机制、市场激励机制和社区自治理机制的组合运用。因此，两型农业生产体系建设的政府引导是由主体、理念、技术、资金、法律、市场等要素构成的一个复合系统。系统理论原理表明，一个系统的运行和发展，必须要有适宜的激励机制和运行机制做支撑。

目前，机制作为一个出现频率很高的词语，常常被应用于经济、政治、文化教育、社会等各个领域。"机制"一词最早源于希腊文，原指机器的构造和动作原理。机制的引申义是指在一个系统中把各个部分联系起来，使它们协调运行而发挥作用的运行方式。当人们把各个领域作为一个有机系统进行认识时，机制就被认为是提示其内部各组成部分的循环结构和相互关系的最好体现。

两型农业生产体系的政府引导机制（见图 2.3）是由引导主体、引导客体（即引导对象）、引导方式、引导目标组成的。其中政府既是引导主体又是引导客体，这主要针对不同层级政府而言，中央政府

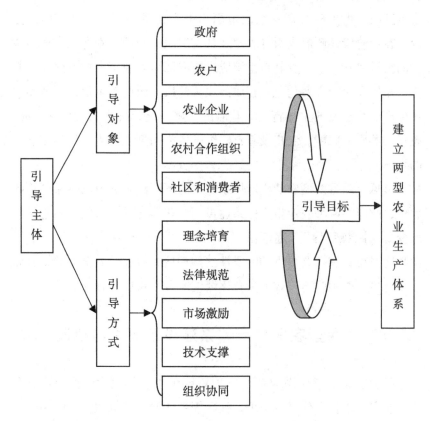

图 2.3 两型农业生产体系建设政府引导机制

是引导主体，相对于中央政府，各层级地方政府均是引导客体。在地方政府层面，相对于上级地方政府，下级地方政府是引导客体。相对于政府而言，农户、农业企业、农村合作组织、社区和消费者均是政府引导的客体。政府引导的方式主要有理念培育、法律规范、市场激励、技术支撑、组织协同等手段。政府引导的目标是促成多中心走向合作共建的局面，从而早日建立两型农业生产体系。

第三章 国外关涉两型农业生产体系建设政府引导的实践及启示

为了构建我国两型农业生产体系建设的政府引导机制，需要借鉴国外关涉两型农业生产体系建设政府引导的成功经验。基于此，本书选择美国可持续农业建设、德国生态农业建设、日本环境保全型农业建设、古巴有机农业建设中政府引导的个案进行研究。通过国外个案研究，总结其成功做法，从而为我国两型农业生产体系建设的政府引导提供有益启示。

第一节 美国持续农业的政府引导实践

美国自"二战"后开始大规模实行农业现代化，农业机械化和农业化学化是其主要特征。经过半个世纪左右的实践，美国农业现代化造成了严重的资源与环境问题。为了实现农业的可持续发展，美国通过制定农业持续发展的法律体系，采取补贴、购买等方式，实施林草封育，推广水保耕作法、节水灌溉技术、生物防治技术，发展节水农业、精准农业和有机农业，对农业生产流程的科学管理加大力度，减少无机化学肥料和农药的使用，降低环境污染，保护生态环境。

一、美国现代农业的反思与持续农业的兴起

美国国会技术评估局（OTA）以生产力发展状况为依据将美国农业历史分为人力时代（hand power）、畜力时代（horse power）、机械力时代（mechanical power ）和科学力时代（science power）❶。人力

---

❶ Larry W. Canter, Environmental Impacts of Agricultural Production Activities. Lewis Publishers, Inc. , 1986, pp. 1 – 10.

时代、畜力时代属于传统农业体系。在畜力时代，农业机械化的迅速发展，良种、化肥和农药的广泛应用，使生产力不断提升，从而进入现代农业阶段。随之，各种信息技术和自动化技术综合应用于现代农业，使其进入了科学力时代。

进入机械力时代的美国现代农业，机械化程度的提高使农产品产量得到增长，但过度翻耕及不合理的耕作方式破坏了土壤的物理结构，使它失去了自我更新能力。20世纪30年代出现的严重风蚀和灾难性风暴，卷走了肥沃的土壤，导致冬小麦减产。另外，长期大量使用农药和化学肥料也产生了一系列问题。频繁大量使用农药在杀伤靶标生物的同时也杀死了大量天敌生物，从而导致生态失衡，使抗性品系迅速发展，致使病虫杂草在某些地区非常严重。同时农药也是人类某些疾病的诱发因素，包括癌症和不育症。大量施用化肥对地表水、地下水造成了严重污染，也降低了土壤的持久肥力和保墒能力，加剧了土壤流失和作物根病的严重性。

美国现代农业除了造成更为严重的资源与环境问题之外，还造成了一些社会问题。机械化程度提高，所需劳力减少，使农村人口大量外流，从而使得昔日繁荣的农村社区日渐萧条，至于文化生活则更为单调。更为严重的是，农村人口大量外流进入城市，却找不到工作，出现了大量的无业游民。大量的无业游民引发了住房难、交通挤及高犯罪率等许多社会问题。

美国现代农业发展过程中出现的资源与环境问题、社会问题引起了美国知识界和农学界的重视，为解决这些问题所做的尝试也从未间断。1911年富兰克林·H. 金倡导向中国农民学习；霍华德（Albert Howard）倡导开展有机农业；1962年美国生物学家、女作家卡逊（Rachel Carson）在所著的《静寂的春天》（Silent Spring）一书中大声疾呼，应当高度重视化学药物对人类和生态环境的危害。对于美国现代化农业暴露出的种种问题，经过有关方面的多年探索，认为解决问题的唯一对策是，逐渐恢复过去以生态渗入农业生产的方式，也就是逐步推行"低投入可持续农业"的生产方式。

二、美国持续农业建设中政府引导的做法

1. 制定农业持续发展的法律体系

面对日趋严重的农业生态环境问题，美国政府开始尝试用法律来解决问题。1933年的《农业调整法》规定了土地休耕、限额销售、信贷和价格支持、农产品贮备等制度。该法成功休耕了其境内25%的农田，从而提高了农产品价格、保护了地力、恢复了生态。为了控制农药的生产、流通和使用，1947年的《联邦杀虫剂、杀菌剂及灭鼠剂法》对农药杀虫剂的各种数据有了严格要求。为了保护土壤，美国的《1956年农业法》规定了"土壤银行计划"。为了控制化学品的生产、流通和使用，1976年的《有毒物质控制法》有助于对有毒化学品的管理。为了保证农产品的食品安全，减少农业活动带来的污染，1985年的《食品安全法案》规定了"水土保持计划"和"保护承诺计划"。为了开展有机农业，1990年的《有机食品产品法案1990》对国家有机食品的认证程序、有机食品的国家标准和有机食品的生产程序等作了规定。除该法案外，2000年的《有机农业条例》列出了有机农产品中允许和禁止使用的物质，对有机农产品的定义、适用性、有机农作物等进行了详细界定。为了进一步扩大对农业生态环境保护计划的补贴，1996年和2002年美国相继出台了《1996年农业法》和《2002年农业安全与农村投资法案》（简称《2002年农业法》）。为了进一步关注环境和能源问题，2008年的《食品、环境保育与能源法》中商品计划的资金支持有所下降，而对环境教育、能源、园艺及有机农业、森林及农村发展的支持大幅增加。

2. 创新农业持续发展的农作制度

创新农作制度是对农业生态系统中耕作制度的拓展和延伸，实现物质良性循环与能量最佳转换，实现土地产出的持续高产高效与低耗。美国创新农业持续发展的农作制度是在保护环境、提高环境质量、实现农业可持续发展的前提下，更有效地利用和节省资源，提高农业产量和利润率，改善农产品品质，保持农业在国际市场上的竞争力。美国创新农业持续发展的农作制度主要表现为倡导有机农业、生

态农业、精准农业等农业模式，合理用水、用肥、用药，试图用绿肥秸秆替代化肥，用天敌、轮作替代化学防治，用少耕、免耕替代翻耕，还进行转基因品种开发、农艺农机结合等。

3. 实行"三位一体"的农科教体系

美国农业的先进性在很大程度上得益于农业教育、科研、推广"三位一体"的农科教体系的成功。美国的农业研究投入是按照法令和条例由联邦政府拨款，美国的农业科研经费历来充足，美国对农业科研投入力度在逐年加大。美国农业部是集中管理农业科研、推广和教育的唯一政府部门。政府以外的科研推广项目主要由各州的公立农学院（赠地学院）及 50 个州的农业试验站承担。美国公立农学院的教授承担教学、科研、推广三方面的工作，一方面使先进的农业科技发明和成果迅速地得到应用推广，另一方面通过州、县的农业实验站、推广站，农民遇到的各类问题可以及时反馈给专家教授，并得到解决。私人农业研究机构重点从事有直接经济效益的产品开发。

4. 实行农业多主体的协调合作

美国农业的成功得益于政府与各种农业合作社、专业技术协会和各类农业公司的协调合作。美国联邦农业部、各州农业厅以及县农业办公室是美国农业的政府管理部门。美国州一级农业厅与联邦农业部并非严格的从属关系，而是相互配合的关系。联邦制定的各种农业法律和政策多半要与州农业法律和政策有机衔接，方能更好地发生效用。美国的农业合作社，抑或各类专业协会，乃至各类农业公司，其组织大都建立和产生在农民志愿参与的基础之上，这些民间组织在联结政府与农民方面起着良好的中介作用，在保障农业经济运行方面有积极的推动作用。

第二节　德国生态农业的政府引导实践

"二战"后，德国农业发展过程中大量生产和施用化肥、农药，虽然实现了农业发展和农作物的稳产、高产，但对水资源和生态环境造成了严重破坏。资源存量不足与生态环境污染严重的现实促进了德国生态农业的发展。德国政府制定的一系列法律法规、规章和制度措施，为生态农业的实施提供了保障。通过政府调节和干预方式对农民和农场的生态转型提供教育、培训和补贴，增强生态农业建设中农民的组织化和规模化程度。为了推动生态农业的发展，建设了多层次、多元化的农业社会化服务体系。

一、德国生态农业的兴起

德国是当今世界的农业现代化强国。今天的德国由"二战"后成立的联邦德国与民主德国合并而成。20 世纪 70 年代以后，联邦德国的农业生产普遍实现了机械化、电气化和化学化。在广泛采用现代农业先进技术的同时，化肥和农药的使用量也大大增加，但对水资源和生态环境造成了严重破坏。

1991 年 6 月，欧共体制定了首个《欧共体生态农业条例》。作为欧共体的成员国，德国必须贯彻《欧共体生态农业条例》。2000 年以来，德国爆发"疯牛病危机"和"口蹄疫风波"，促使政府加大促进生态农业发展的力度。同时，WTO 贸易谈判形成的新的《农业协议》要求，促使德国强化以促进生态农业发展为主导的"绿箱补贴"政策，代替原有的直接补贴政策；再加之石油价格的上涨，德国的农业发展遇到了前所未有的困难。那么如何才能既发展生产，又保护环境，维持农业生态系统的良性循环呢？答案就是走农业可持续发展道路。2001 年 9 月，德国政府开始推出"绿色生态"农业计划，决定大力发展生态农业，提高"绿色农产品"的比例。

二、德国生态农业建设中政府引导的做法

1. 制定比较完善的法律法规

德国一般农产品种植必须遵循的法律法规有：《物种保护法》《肥料使用法》《土地资源保护法》《自然资源保护法》《种子法》《垃圾处理法》《植物保护法》《水资源管理条例》。对于生态农业，除上述法律法规外，德国联邦议会于 1998 年 2 月 6 日通过了《土壤保护法》；1998 年，德国政府制定了《动物保护纲要》；2001 年 12 月 15

日德国的《生态标识法》正式生效；2002 年德国政府制定了《有机农业法》；为贯彻《欧共体生态农业条例》，德国政府于 2003 年 4 月实施了《生态农业法》。为保证生态农业的健康发展，德国政府规定，生态农场必须达到严格的条件。此外，德国对于违反法律规定的都有相应惩罚措施。

2. 加强对农民的教育、培训和补贴

为使农业企业经营者适应生态农业、有机农业以及正在兴起的基因农业的发展需要，德国加强了对农民，尤其是年轻人的教育、培训和补贴。德国法律规定：做普通农民的基本要求是从普通学校毕业后，要经过一段时间的实践，再到有关的农业专业学校学习至少两年。德国建立了农业职业学校、农业专业学校、高级农业专业学校和高等农业大学四个层次的农业教育体系。德国政府还通过农业学习班、专题讲座及短期进修对农民进行知识和技能培训。

德国政府很重视对农业的补贴，资金来源主要是欧盟、德国联邦政府、州政府三个渠道。生态农业比常规农业的产量一般降低 30%，其中粮食降低 40%，牛奶降低 10%，因此，生态转型对农民而言意味着巨额的经济负担和经济损失。为了鼓励农民积极开展生态农业，德国政府制定和实施了转型补贴政策。

3. 增强农民的组织化和规模化程度

先进的生态农业技术只有在大面积的土地上采用时，才能取得较高的效益。这就迫切需要农户组织起来，通过农户在产前、产中、产后各个环节采取集体行动降低由于规模不经济所带来的环境改善技术应用成本的增加，提高环境改善技术的应用效益。鼓励和引导发展各类专业合作经济组织，着力培育一批有竞争力、带动力强的龙头企业是生态农业生产中提高农户组织化程度的重要路径。德国在生态农业建设过程中，几乎所有农户都是合作社成员，其中不少农户同时参加了几个合作社。农业合作社规模逐渐扩大，功能越来越齐全。通过农业合作经济组织把家庭小规模生产连接起来形成社会化的大生产。

为了实现生态农业的规模化经营，德国政府采取了农户升级、资助大农场经营、农户迁移、鼓励农业劳动力改行和提前退休的措施。此外，德国通过政府投资、信贷等手段，有意识地偏向大农场，以实现土地的规模化经营。

4. 建设多层次、多元化的农业社会化服务体系

德国的现代化农业，是由多层次、多元化纵横交错的农业社会化服务体系来保障的。即除政府农业服务部门以外，还有一类独立于农业部门但得到各级政府部分资助的农业协会。除上述机构外，德国还有通过司法程序组织起来的农业职业联合会。为了推动生态农业的发展，还专门成立了生态农业促进联合会。

第三节　日本环境保全型农业的政府引导实践

从 20 世纪 50 年代开始，随着日本经济的高速增长，大量化肥、农药、石油燃料农机的使用和高收益推动了农业的迅速发展，却导致了资源耗竭、环境污染，形成社会公害。面对来自资源、环境的压力，日本于 20 世纪 90 年代初提出发展"环境保全型农业"。日本为推进环境保全型农业的发展，制定了各种专项的法规和制度，规范了农业生产的技术规程，研究和推广环境保全型农业技术，采取上下结合的互动机制，充分调动了农民和社会民间力量。

一、日本环境保全型农业的兴起

20 世纪 50 年代以来，随着工业革命和技术创新的不断发展，日本农业技术革新有了显著进展，农药、化肥、除草剂、植物生长调节剂等农业化学品开始广泛应用。但过度依赖化肥、农药带来了环境污染和农产品安全等系列问题。为了解决这些问题，日本开始探索能够兼顾资源环境的新的农业发展模式。20 世纪 70 年代日本政府倡导发展循环型农业，20 世纪 80 年代日本提出发展"有机农业""绿色农业""自然农业"等多种可持续农业。1992 年，日本首次使用环境保全型农业的概念。2005 年，日本环境保全型农业政策开始进入实施阶段。日本主要通过农业化学品减量化、资源再生化和农业生产有机化

来实现环境保全型农业的目标。

二、日本环境保全型农业建设中政府引导的做法

1. 加强环境保全型农业法规建设

在贯彻实施环境保全型农业政策的过程中，日本政府非常重视环境法规的保障作用，形成了由总法、专项法等组成的环境法规体系。1994 年农林水产省制定了《环境保全型农业推进基本方案》。1999 年 7 月，日本颁布实施了新的《食品、农业、农村基本法》。作为配套法规，之后又制定实施了《有机农业促进法》《肥料管理法》《畜排泄物法》《持续农业法》等专项法律法规。

在健全农业环境法律体系的同时，日本还特别注意与法律配套的制度、规则、标准的制定，确保法律法规的贯彻落实。如 2000 年修订了《农林物资规格化和质量表示标准法规》（JAS），2006 年出台了《关于推进有机农业的法规》，2007 年制定了《关于有机农业推进的基本方针》。除了这些配套法规，还健全了有机农产品的标示规定与检查认证制度，出台了一系列的检查方法和技术标准。

2. 研究和推广环境保全型农业技术

日本把科技作为发展环境保全型农业的突破口，十分重视农业科研与教育的投入，强调政府、民间、科研单位的配合，发展土壤复壮技术、化肥减量技术和化学农药减量技术❶。土壤复壮技术是利用堆肥等有机物质和绿肥作物改善土壤性能的技术，在改善土壤性能的同时，替代化肥，为土壤提供养分。化肥减量技术是局部施肥、肥效调节型肥料的使用和有机质肥料的使用，以减少和降低化肥使用量为目的的技术。化学农药减量技术是通过采用机械除草、动物除草、生物农药的使用、对抗性植物的使用、覆盖栽培、多孔地表覆盖栽培和性激素诱捕或阻止害虫交配繁殖等技术以减少和降低化学农药使用量为目的的技术。同时通过《农药管理法》实行严格的注册管理制度来加

---

❶ ［美］富兰克林·H. 金：《四千年农夫：中国、朝鲜和日本的永续农业》，程存旺、石嫣译，东方出版社 2011 年版，中文版序言。

强对农药的管理。

3. 上下结合推动环境保全型农业生产

日本推广环境保全型农业，采取上下结合的互动机制，充分调动农民和社会民间力量的参与积极性。为推进环境保全型农业生产，1994 年日本农林水产省设置了"农林水产省环境保全型农业推进本部"，各都道府县设置了"都道府县推进协议会"，并在 46% 的市町村设置了"环境保全型农业推进方针策定委员会"。日本政府通过财政补贴的方式，鼓励农民采用环境保全型农业生产方式。

此外，日本以农协的组织形式，成功地将分散弱小的农户与大市场连接起来，实现了农民的高度组织化。日本农协获准垄断金融资本，通过资本运作获取高额利润再返还给作为农协股东的全体农民。这些优惠政策使日本农民的人均纯收入长期高于市民的平均收入。这保护了日本农民的利益并促进了农村近百年的可持续发展。[1] 日本农协还参与制定并贯彻执行政府的农业政策和计划，同时代表农民向政界、行政部门反映农民要求，有效维护了农民利益。

第四节　古巴有机农业的政府引导实践[2]

基于"绿色革命"技术的现代工业化农业所造成的生态危机，以及东欧剧变、苏联解体和美国封锁造成的化肥、农药、燃油等农业生产资料严重短缺，古巴的现代石化农业之路被迫紧急刹车，全国范围在短期内被迫发起有机农业运动。古巴政府开展城市、家庭和社区的耕作运动，调整农业的组织形式和生产结构，实施有机农业技术和生态化管理，加强有机农业的研究和教育培训。在不到十年的时间里，古巴农业从大规模机械化、大量使用化肥农药、密集种植单一经济作物的耕作方式，转变为劳动力密集、多元化种植、使用有机肥料和生物农药的生态农业耕作方式。

---

❶ Fernando Funes、黄小莉：《古巴的有机农业运动》，载《开放时代》2010 年第 4 期。

❷ 肖建华：《借鉴古巴经验推进我国"两型"农业发展》，载《环境保护》2013 年第 15 期。

一、古巴被迫走有机农业之路

1959 年古巴革命后的农业生产主要基于"绿色革命"技术，农业经济出现了明显增长，但是，最后在经济、生态和社会方面都出现了很多问题：如滥用化肥和杀虫剂，导致地下水污染、土壤有机质耗竭，大规模单一作物种植影响了生物多样性等。另外，基于"绿色革命"的工业化农业导致农民被迫使用昂贵的机械和农业化学品。

1989 年开始的东欧剧变、苏联解体和美国禁运之后，古巴遭遇了一场突如其来的严重危机。经济发展受到严重影响。这一次危机使古巴的购买力下跌到原来的 40%，能源进口减少到 1/3，75% 的食物、农化材料、农耕零件、工业工具、石油等货品无法再进口，肥料进口减少到原来的 25%、杀虫剂减少到原来的 40%、动物浓缩饲料减少到原来 30%……很多工厂被迫关闭，公共交通和电厂也只能维持最低的工作能力。❶ 没有化肥、农药、种子、汽油，古巴高投入、高消耗的现代工业化农业生产方式难以为继。20 世纪 90 年代初，为应对危机，古巴政府采取了经济紧缩措施和应急调整措施，被迫发起了有机农业运动，工业化农业开始向可持续农业转变。

二、古巴有机农业建设中政府引导的做法

1. 开展城市、家庭和社区耕作运动

危机发生后，古巴的粮食供应出现了非常紧张的局面。针对这种情况，古巴发起了全国动员，开展城市、家庭和社区的耕作运动。在农村人口大量外流的三十余年后，古巴政府重新鼓励由于石油短缺造成的城市失业人口下乡务农。政府还在乡间兴建国家集体住房，解决下乡务农人口的居住问题，并提供水电、教育、医疗等服务。

古巴政府认识到城市农业的潜力，农业部还专门设立了"城市农耕处"，协助城市居民开展农耕运动，掀起"城市农耕"的风潮，并

---

❶ Espinosa, E., "La economia Cubanba en los 1990: De la crisis a la recuperacion", Carta Cuba, Facultad Latino Americana de Ciencias Sociales, Havana: University of Havana, 1997.

雇用农技推广员，给城市居民做免费的农技指导。城市的有机农耕运动开展得有声有色，到 2002 年城市农业的总产量已超过传统农业产量，并提供了 8.1 万个就业机会❶。

2. 调整农业的组织形式和生产结构

为了解决危机，古巴在发展农业生产的同时必须采取低外部投入的农业生产方式来提高农业产量，通过寻求更本地化的发展模式来克服经济危机。为实现这样的目标，古巴将大型国有农场重组成规模更小的集体农庄或者农民合作社以减少大规模地使用化肥与农药。除了将国有农场调整为合作农场，古巴政府还将大约 17 万公顷的土地移交给个体农民。这些调整和转变可以增强当地人使用当地资源养活自己的能力，同时使古巴人民可以用可持续生态方式维持自己的生活。

3. 实施有机农业技术和生态化管理

危机发生后，为了克服燃料、农药、饲料、化肥等投入品严重短缺和工业化农业导致的生态问题，古巴农业开始以本地生产的生物替代品代替进口的化学投入品，从过去的高技术向有机农业技术和生态化管理转变。具体表现为：（1）研究和推广有机肥料和生物肥料，改善土壤地表和性质；（2）推行害虫、疾病和杂草的生态管理；（3）作物轮作和混合培养；（4）建立以豆科植物为基础的畜牧业系统、林牧复合生态系统以及作物和畜牧的综合系统；（5）推行生态土壤管理；（6）利用畜力作为动力。这种适应当地条件的可持续农业模式，减轻了对环境的负面影响，并且使农业产量获得了适度但稳定的增长。

4. 加强有机农业的研究与教育培训

古巴农业成功实现向可持续农业转变的关键，是对农民进行具体生产技术的培训和教育。危机发生后，古巴政府有组织地进行了有机农业研究与教育培训：（1）加强有机农业研究。科技环境部把可持续性研究放在了优先地位，批准了一系列可持续性农业方面的研究项目。（2）古巴的农业大学开设了农业生态学培训方面的课程。（3）建立了

---

❶ 刘宏：《古巴"城市农业"方兴未艾》，载《人民日报》2002 年 1 月 8 日。

生态农业的培训体系。（4）加强对生态农业的宣传。

第五节　国外关涉两型农业的政府引导启示

一、从国情出发探索建设两型农业的模式

20 世纪六七十年代以来，从发达国家到发展中国家，现代"石化农业"已成为全球农业发展的主要模式。随着社会经济发展和科学技术进步，人们逐步认识到"石化农业"的弊端。消耗大量资源、成本高、投资大、能量密集型农业引发了一系列问题。更何况世界石油产量达到峰值只是一个时间问题。面对这种状况，从 20 世纪 70 年代初，发达国家首先开始对高投入、高消耗的"石化农业"进行反思，先后提出了如现代自然农业、有机农业、生态农业等农业发展模式和途径以实现农业的可持续发展。

可持续农业作为世界农业发展的一种新趋势和新模式，受到了世界各国的普遍关注。世界各国因具体国情与发展背景不同，在对可持续农业的认识及其发展模式的选择上存在较大差异。经验表明，一个国家究竟选择何种可持续农业的发展模式和途径，其农业资源状况往往起着决定性作用，特别是土地、农业劳动力、淡水资源等因素至关重要。可持续农业模式的选择是多类型、多途径的。例如，人少地多、农地资源比较丰富的美国在探索的过程中，主张持续农业应是以生态环境保护为主要目标的"低投入持续农业和高效率持续农业"；人多地少、水土资源相对稀缺的日本提出来的持续农业发展模式是以合理利用资源和保护环境为重点的持续农业；农业资源丰富程度介于美国和日本之间的德国提出以促进农业综合发展为目标的持续农业，即生态农业发展模式。而古巴被迫有机农业之路表明：在对农业和粮食体系进行适当重组的情况下，增加产量和提高质量的同时减少化学制品的使用，加强农业的生态可持续性和社会公平是有可能的。

未来我国农业的发展应该依据国情、国力和农情、农力，吸取发达国家农业现代化过程中的经验教训，选择一条关注农业产出、关注

环境、关注农村发展和文化保护的平衡之路。尽管这是个极为艰难的选择，但却是一个势在必行、意义重大的选择。党的十七届三中全会明确提出建立资源节约型、环境友好型农业生产体系就是正确的选择。这要求我国不能再走发达国家"石化农业、无机农业"的老路，有机农业、生态农业、循环农业才是我们的目标。技术上应该是以生物化学技术为主，机械技术为辅，传统的精耕农作技术和现代化农业技术的有机结合。

二、制定和实施两型农业建设的政策法律

可持续农业与以往农业生产方式不同的是侧重于在农业资源保护和生态环境改善的基础上发展农村经济，这样就不可避免地会给部分市场主体带来利益上的矛盾和冲突。怎样将可持续农业建设过程中各部门、各环节、各阶段的多目标协调为整体的同一目标，形成有利于农业可持续发展的技术规范、经营约束和利益调节机制，需要发挥政策和法律的调控作用。

从20世纪70年代初开始，发达国家先后提出了如现代自然农业、有机农业、生态农业等农业发展模式和途径以实现农业的可持续发展。在农业可持续发展过程中，世界各国也相继制定和实施了一系列政策和法律以进一步促进农业的可持续发展。纵观那些农业可持续发展比较成功的国家，如美国、德国、日本和古巴等，可以看出，国家对可持续农业的扶持、规范和推广政策已经或正在以法律的形式确定下来，在已经建立可持续农业法律体系的国家中，对可持续农业法律制度的研究开始走向深入。

两型农业生产体系的构建是一项系统工程，其建设需要政府、涉农企业、农户、农业经济合作组织、社区和环保非政府组织等多主体的共同努力。两型农业生产体系的流程由两型农业的农资采购、生产、加工、营销环节组成，是服务组织、生产者、加工企业、物流商和消费者等主体参与的分工协作过程。可见，要实现两型农业生产体系的和谐建设，需要各主体、各环节的密切配合和协作。而要实现两型农业生产体系的和谐建设，就必须借鉴农业可持续发展比较成功的

国家，逐步建立健全完备的政策和法律规章作为保障。目前，在两型农业生产体系建设方面，我国相关的法规制度还十分薄弱。当务之急是制定促进两型农业生产体系建设的政策和法律体系。

三、切实加强两型农业技术的研究和推广

现代农业的发展很大程度上要依靠科学技术的进步，几个世纪以来，人均产量的提高靠的是通过各种方式实现的技术知识积累及其运用❶。世界上许多国家特别是一些发达国家，为了加快农业的可持续发展，建立了比较完善的农业科技体系，有实力雄厚的农业科研机构、规模庞大的科技推广队伍和充足的农业科研经费。美国实行农业研究、教育、推广三位一体的体制，并且美国的农业科研经费历来充足，美国对农业科研投入力度在逐年加大。德国、日本都有发达的农业科研和推广体系，德国加强对农民，尤其是年轻人的教育、培训和补贴，德国多层次、多元化纵横交错的农业社会化服务体系提供科研、生产、试验、推广等服务。日本十分重视农业科研与教育投入，把科技作为发展环境保全型农业的突破口。古巴农业成功实现向可持续农业转变的关键，是对农民进行了具体生产技术的培训和教育。

两型农业生产体系建设要求农户和企业采用资源节约型、环境友好型技术，而资源节约型、环境友好型技术开发难度大，周期长。同时，由于资源节约型、环境友好型农业技术是新技术，从研发到推广、应用必须经受不可预测的气候、自然条件的考验，以及技术的本土化等转化，所以预期收益不能保证，不确定性和风险较大。不断增加资金投入，技术创新才有可能。而资源节约型、环境友好型农业技术投资的沉没成本❷不仅影响在位企业的退出，还会影响潜在企业的进入。两型农业技术投资的沉没成本某种程度上可以依靠完善各类

---

❶ ［美］贾斯特·法兰德、杰克·帕金森：《国家的性质和政府在农业发展中的角色》，罗骞译，载何增科、周凡主编：《农业的政治经济分析》，重庆出版社2008年版，第306页。

❷ 沉没成本（Sunk Cost）是指那些一旦投入并承诺了专用用途后就不能回收的投资成本。

市场制度来达到降低的目的，但是却无法完全依靠市场制度进行化解。只有在有能力为这些新的农业研究技术提供充足资金，并进行实际推广的国家，两型农业发展的技术研究和推广风险及成本才会降低，从而推动两型农业的发展。因此，为建立这样一种能力，当前我国政府应逐步提供充分的科研资金，切实加强两型农业技术的研究和推广。

四、加强两型农业的人力资本投入和培训

各种历史资料都表明，农民的技能和知识水平与其耕作的生产率之间存在着密切的正相关关系[1]。舒尔茨认为，农民学会如何最好地使用现代要素，这既需要新知识，又需要新技能。这种知识和技能在本质上是向农民的一种投资[2]。因此，舒尔茨把人力资本作为农业经济增长的主要源泉。教育是人力资本投资的最重要形式，上面提到的国家在农业可持续发展中对农业教育十分重视，有着完善的农业教育体系。根据德国的有关法规，农业经营者经 10 年普及教育后，必须经 3 年农业技术培训，通过考试，取得证书，才能从事农业生产和有资格得到欧共体或本国政府的资金补贴。古巴农业成功实现向可持续农业转变也得益于古巴的良好教育。

现代石化农业的典型特征就是高资本投入，低劳动力投入。相比而言，两型农业则恰恰相反，它要用更多的劳动力投入来减少生产资料投入。发展两型农业对劳动技能的要求更高，随着青壮年劳动力向城市转移，向第二、三产业转移，原本农村就缺乏务农的青壮劳动力，发展两型农业需要的劳动力来源就更加困难。因此，两型农业生产体系建设中如何吸引更多的劳动力尤其是青壮年劳动力投入，如何提高劳动者素质将是我国两型农业建设中人力资本建设的重点和难点。

---

[1] ［美］西奥多·W. 舒尔茨：《改造传统农业》，梁小民译，商务印书馆 2006 年版，第 155 页。

[2] 同上，第 149 页。

五、提高两型农业的组织化和规模化程度

新制度经济学认为，在经济增长或发展函数中，决定经济增长或发展的不仅有劳动力、资本和技术等外生变量，而且包括组织、制度等内生变量。农业生产经营组织化是指农业生产经营者（个体农民和农业组织）通过多种形式的联系与合作组织起来，不断提高农业生产经营的内在规模和外在规模的过程，从而实现优化农业资源配置、降低农业生产成本、提高农业生产力水平和科技水平、增强市场竞争力等目标❶。农业的组织化程度是现代农业发展的标志，可持续农业先进国家在农业的可持续发展过程中通过农户在产前、产中、产后各个环节采取集体行动降低由规模不经济所带来的环境改善技术应用成本的增加，提高环境改善技术的应用效益。美国农业的成功除了仰仗政府对农业始终如一的扶持政策和有成效的调控外，遍布全美的由农民自行组织或私人机构经营的各种农业合作社、专业技术协会以及各类农业公司对农业的促进作用和对政府职能的替代功能是无可置疑的。德国在生态农业建设过程中，通过农业合作经济组织把家庭小规模生产联合起来形成社会化的大生产。日本农协作为农业的最广泛组织，对促进日本农业经济发展、减少政府社会管理成本发挥了很重要的作用。古巴大型国有农场被重组成规模更小的集体农庄或者农民合作社以减少大规模使用化肥与农药是其发展可持续农业的组织变革。

改革开放以来，我国农村劳动力大规模转移并没有带动土地经营规模的扩大，相反，随着农地非农化、农村人口的自然增长，有限的耕地不断被细化。中国的人均耕地面积不是最小的，比日本和韩国要大，日本只有 0.03 公顷，韩国是 0.03 公顷，中国则有 0.09 公顷，是日本和韩国的 3 倍，但是我们的每个劳动力的耕地面积是 0.4 公顷，

---

❶ 温琦：《我国农业生产经营组织化：理论基础与实践方略》，西南财经大学 2009 年博士论文，第 26 页。

韩国是 1.1 公顷，日本是 2.5 公顷，比我们要高得多。❶ 这种小规模经营方式无法分散技术成本，单个农户使用技术对提高产量和经济效益的意义不大。同时，小规模经营方式导致农产品商品率低，农业的比较效益低下。此外，我国小农分布的农业特点决定了由下而上自发地小规模发展两型农业是困难的。如果一个农户或一个种植园实行两型农业模式，而周围的耕地仍是石化农业，那么这个两型模式农场的土壤、空气和水源仍会受到影响和污染，两型农场也会因为没使用农药而得到害虫的青睐。因此，这就需要在组织形式上保障两型农业的实行不是孤军奋战。这需要成立生态农户合作社之类的农业经济合作组织统一协调农户的种植方式。另外，也需要农业经济合作组织、农业专业协会之类的组织为两型农业的农户提供产前、产中、产后的服务。由此看来，深化农村土地流转改革、加强农业经济合作组织建设以提高两型农业的组织化、规模化程度具有重要的现实意义。

---

❶ 郭熙保：《加速推进农业规模化经营刻不容缓——在第五届湖湘三农论坛上的学术报告》，http://www.zgxcfx.com/Article/49425.html。

第四章　我国农户从事两型农业生产体系建设的自为与他励

——以湖南实地调查、浙江个案调查为例

　　两型农业生产体系能否成功建设，取决于国家有关两型农业发展的政策以及参与主体的态度和行为。两型农业生产体系建设的主体主要包括政府、农户、农业企业和非政府组织，其中农户是两型农业生产体系建设最主要的基础力量，也是两型农业生产体系建设最关键的主体之一。本章对农户从事两型农业生产体系建设自为与他励行为进行调研，探讨农户从事两型农业生产体系建设的动力及存在问题，再次论证了两型农业生产体系建设中政府引导的不可或缺，同时为我国两型农业生产体系建设政府引导机制的建构提供实证分析。

第一节　农户自为从事两型农业生产体系建设的实地调查

一、农户从事两型农业生产体系建设的自为

1. 农户与农户行为理论

　　关于农户概念的界定，学术界没有统一、通用的定义，主要有以下几种观点：（1）农户是经济组织❶。（2）农户是农民家庭❷。

---

❶　李光兵：《国外两种农户经济行为理论及其启示》，载《中国农村观察》1992年第6期。

❷　韩明谟：《农村社会学》，北京大学出版社2001年版，第33页。

（3）农户就是家庭农场，是一种社会生活组织❶。本书认为农户就是居住在农村的，完全或部分依靠家庭劳动力从事农业劳动的组织，它是农村社会组织构成的基本单元，是农村最基本的微观基础，是经济与社会功能合一具有生产和消费双重性质和独立决策权的社会经济组织。

农户行为理论就是农户理论与行为经济学理论相结合的对农户行为进行相关分析的理论。关于农户行为的理论研究，目前存在四种：（1）以美国经济学家西奥多·舒尔茨和波普金为代表的理性小农学派。"理性的小农"论强调农户的行为方式与其他微观经济主体没有本质差异，农户具有足够的理性优化资源配置并实现利益最大化。（2）以俄国农业经济学家恰亚诺夫（A. V. Chayanov）为代表的组织生产学派。该学派认为小农的经济行为是非理性的，并提出"饥饿地租""自我剥削""亏本经营"等与资本主义市场经济不同的概念。（3）以黄宗智为代表的历史学派。该学派认为单纯地在经济理性的框架下去分析农户行为是不科学的，不同类型的农户有不同的经营目标。（4）社会心理学派。众多学者逐渐认识到农户行为是复杂的，单纯的经济模型不能解释其复杂性，从而将社会心理学的一些理论和方法引入到农业经济领域来解释农户的行为。其中应用最为广泛的是理性行为理论和计划行为理论。

以上四种理论因研究的时代背景、理论假设和研究区域不同，对农户的经济理性得出了不同结论，观点分歧主要为农户行为是否理性。农户是理性小农的观点为大多数经济学家所接受和认同。本书也认同农户是理性小农的观点。

随着农业生态环境的日益恶化和农业可持续发展的提出，学者们开始关注有利于生态环境保护的可持续农业生产措施和技术的农户采纳行为研究。众多学者综合运用经济学、社会学和心理学对农户可持续农业生产行为进行研究。国内学者也对我国农户行为是否理性进行了大量的研究。著名经济学家林毅夫等在20世纪90年代前后就对农

---

❶ 卜范达、韩喜平：《"农户经营"内涵的探析》，载《当代经济研究》2003年第9期。

户农业生产措施和技术的采用进行研究，但对可持续农业生产措施和技术的农户采用研究在我国还处于起步阶段❶。

2. 自为与农户两型自为

关于自为概念的界定，学术界没有统一、通用的定义，不同学科的解释如下：（1）从哲学范畴解释，自在和自为是人存在的两个基本阶段。在自在阶段人盲目地受必然性支配，为其所奴役。这时人的意识能动性微弱，意识自发地作用于对象，于对象的改造非常有限。在自为阶段人的活动是一种自觉、能动的活动，不仅是合规律性的活动，而且是合目的性的活动。自为即自觉、自由。人不仅是自在的存在，而且是自为的存在。人要不断地从自在走向自为。（2）从经济范畴解释，"自为"与"自利"相近，表示行为的目的是自己个人效应的提升。（3）从词源本义来解释，自为可解释为自己做；自己治理；自己做主、自做决定。本书从词源本义来理解自为。

在两型农业生产体系建设中，农户的行为选择是有限理性的。目前，从我国两型农业发展的事实来看，尚未形成发展两型农业的社会规则，缺乏发展两型农业的社会规划以及政府监管和支持不到位等，这些缺陷导致很多地方处于农户自为从事两型农业生产体系建设的状态。

二、实地调查农户自为从事两型农业生产体系建设

1. 农户自为从事两型农业生产体系建设调查的方法与内容

本次调查员为中南林业科技大学 2011 级环境与资源保护法学硕士研究生和 2010 级行政管理专业本科生。调查对象是尚没有发展两型农业的社会规划和政策扶持地区，该地区的政府对两型农业的监管和支持不到位，农户从事资源节约型、环境友好型农业生产基本处于自发、自为的状态。调查选取了湖南省永兴县、隆回县、安化县、溆浦县、平江县、桑植县作为调研样本。正式调查于 2012 年 7 月 28 日——

---

❶ 刘梅：《农户可持续农业生产行为理论与实证研究》，江南大学 2011 年博士论文，第 14－15 页。

8月15日展开。按照每个县60份问卷的标准，调查共发放问卷360份，剔除填写不规范或者关键信息缺失的问卷28份，最终获得有效问卷332份，问卷有效率达92.2%。

为了深入了解农户自为从事两型农业生产体系建设的行为，农户问卷中主要设计了如下问题：

（1）农户的家庭主劳动力基本信息，包括主劳动力的性别、年龄、受教育程度等。

（2）农户家庭农业生产情况，包括耕作情况、化肥农药施用情况、农业机械工具、家庭收入情况等。

（3）农业新技术采用情况，选取的新技术主要包括测土配方施肥技术、轮作技术、秸秆还田技术，调查问卷还包括农户了解新技术的渠道、是否接受过技术指导或培训、农业新技术的具体使用情况、农业补贴情况等。

（4）农户参加农业合作组织和农业龙头企业的情况，主要包括农户参与当地农业合作组织、农业龙头企业的状况以及当地农业合作组织、农业龙头企业的服务情况等。

（5）农户两型农业生产体系的认知情况，包括两型农业的信息来源、化肥农药的相关知识了解、农户生活垃圾、农膜、废水及家畜禽粪便处理方式等。

（6）其他相关信息，包括农户两型农业发展模式的偏好、贷款的难易、期望政府发挥什么作用等信息。

2. 农户自为从事两型农业生产体系建设调查的描述性统计

根据调研数据，利用SPSS 13.0对332个样本农户进行描述性统计。

（1）农户家庭主劳动力基本情况。对农户家庭主劳动力基本情况进行统计表明（见表4.1），332户中的性别分布：男性占87%、女性占13%；主劳动力的年龄分布：18~30岁占2%、30~45岁占33%、45~60岁占51%、60岁以上占14%；主劳动力中受教育程度：小学及以下占30%、初中占52%、高中占16%、大专及以上占2%。由此可见，农户家庭主劳动力中以中老年人为主，主劳动力受教育程度较低，百分之八十多的主劳动力只有初中及初中以下的教育程度。

表4.1　家庭主劳动力基本情况

年龄				性别	
18~30岁	30~45岁	45~60岁	60岁以上	男	女
2%	33%	51%	14%	87%	13%

受教育程度			
小学及以下	初中	高中	大专及以上
30%	52%	16%	2%

（2）农户家庭生产及收入情况。对农户家庭生产及收入基本情况进行统计表明（见表4.2），农户家庭耕作情况：种植油—稻—稻的占23%、麦—稻的占2%、油菜—稻的占12%、稻—稻的占16%、单季稻的占32%、绿肥—稻—稻的占2%、绿肥—稻的占3%、其他的占10%。农户家庭收入情况：1万元以下的占10%、1万~2万元的占39%、2万~3万元的占38%、3万~4万元的占10%、5万元以上的占3%。家庭平均政策补贴收入：良种补贴86.85元、粮食直补114.86元、农机补贴637.2元。种植业收入占家庭收入的情况：种植业收入是家庭全部收入来源的有30户，约占调研农户的9%；种植业收入占家庭收入70%的农户有99户，约占调研农户的30%；种植业收入占家庭收入40%~60%的农户有139户，约占调研农户的42%；种植业收入占家庭收入30%以下的农户有64户，约占调研农户的19%。农户家庭2011年化肥、农药和地膜的使用情况：平均每户施用化肥343.78公斤、平均每户使用地膜1.49公斤、平均每户购买农药349.45元。

调研统计数据表明，作为粮食大省的湖南，其农户家庭耕作主要种植单季稻和双季稻，少量农户种植绿肥，农业生产中大量使用化肥、农药和地膜；农户家庭收入偏低，将近50%的家庭年收入在2万元以下；家庭平均政策补贴收入中良种补贴和粮食直补只在100元左右，农机补贴突破600元。

表4.2 农户家庭生产及收入情况

农户家庭耕作情况							
油—稻—稻	麦—稻	油菜—稻	稻—稻	稻	绿肥—稻—稻	绿肥—稻	其他
23%	2%	12%	16%	32%	2%	3%	10%

农户家庭收入					家庭平均政策补贴收入（元）		
1万元以下	1万~2万元	2万~3万元	3万~4万元	5万元以上	良种补贴	粮食直补	农机补贴
10%	39%	38%	10%	3%	86.85	114.86	637.2

种植业收入占家庭收入的情况				2011年家庭农业生产中化肥、农药、地膜的使用情况		
100%	70%	40%~60%	30%以下	化肥	农药	地膜
30户	99户	139户	64户	343.78 公斤/户	349.45 元/户	1.49 公斤/户

（3）农户农业技术采用及指导情况。调研农户农业技术采用及指导情况（见表4.3），农户新技术采用情况：调查农户中稻田采用轮作技术的有109户，约占调研农户的33%；采用测土配方施肥技术的有23户，约占调研农户的7%；采用秸秆还田技术的有116户，约占调研农户的35%。农户农业技术指导情况：接受过农业技术指导的农户有59户，约占调研农户的18%；其中对农业技术指导满意的农户有43户，约占调研农户的13%，对农业技术指导不满意的农户有16户，约占调研农户的5%。调研农户参与农业合作经济组织的有109户，约占调研农户的33%；调研农户参与农业龙头企业的有39户，约占调研农户的12%。

表4.3 农户农业技术采用及指导

农户新技术采用情况			农业技术指导		
轮作技术	测土配方施肥技术	秸秆还田技术	接受技术指导	其中：满意	不满意
33%	7%	35%	18%	13%	5%
农户参与农业合作经济组织			农户参与农业龙头企业		
33%			12%		

（4）农户两型农业生产体系的认知情况。调研农户两型农业生产体系的认知情况（见表4.4），农户两型农业的信息来源：电视渠道占42%，报纸渠道占33%，收音机渠道占5%，亲朋好友渠道占10%，农技推广服务部门渠道占7%，村委会渠道占2%，农产品展销会渠道占1%。农户拒绝选择两型农业的理由：44%是因为不太了解，20%是因为没有技术，14%是因为资金不足，1%是因为经济效益不高，2%是因为投入比较大，1%是因为投入回收期长，5%是因为规模太小，4%是因为政府扶持不到位。

表4.4　农户两型农业生产体系的认知情况

农户两型农业信息来源						
电视	报纸	收音机	亲朋好友	农技推广服务部门	村委会	农产品展销会
42%	33%	5%	10%	7%	2%	1%

农户拒绝选择两型农业的理由								
不太了解	没有技术	资金不足	经济效益不高	投入比较大	投入回收期长	规模太小	政府扶持不到位	其他
44%	20%	14%	1%	2%	1%	5%	4%	9%

（5）农户对环境的关注情况。调研农户对环境的关注情况（见表4.5），非常不关注的占3%，不关注的占34%，一般关注的占39%，比较关注的占14%，非常关注的占10%。农户在生产中考虑对环境影响的情况：不会考虑的占22%，很少考虑的占36%，不影响收入会考虑的占26%，会考虑的占14%，考虑得较多的占2%。

表4.5　农户对周围环境的关注

农户对周围环境的关注				
非常不关注	不关注	一般关注	比较关注	非常关注
3%	34%	39%	14%	10%

农户在生产中考虑对环境的影响				
不会考虑	很少考虑	不影响收入会考虑	会考虑	考虑得较多
22%	36%	26%	14%	2%

（6）农户生活垃圾、农膜、废水及家畜禽粪便处理情况。调研农户生活垃圾、农膜、废水及家畜禽粪便处理方式情况（见表4.6），其中：农户生活垃圾处理方式，27%随意丢弃，40%送垃圾收集点，3%分类回收，26%沤肥还田，4%焚烧；农户生活废水处理方式，44%直接排放，41%经下水道排放，11%经阴沟排放，4%采取其他处理方式；农户农膜处理方式，36%就地扔掉，40%当废品卖掉，11%给回收的厂家，10%焚烧，3%采取其他处理方式；农户家畜禽粪便处理方式，33%直接排放，42%还田做农家肥，18%生产沼气，7%采取其他处理方式。

表4.6　农户生活垃圾、农膜、废水及家畜禽粪便处理方式情况

农户生活垃圾处理方式				
随意丢弃	送垃圾收集点	分类回收	沤肥还田	焚烧
27%	40%	3%	26%	4%

农户生活废水处理方式			
直接排放	经下水道排放	经阴沟排放	其他
44%	41%	11%	4%

农户农膜处理方式				
就地扔掉	当废品卖掉	给回收的厂家	焚烧	其他
36%	40%	11%	10%	3%

农户家畜禽粪便处理方式			
直接排放	还田做农家肥	生产沼气	其他
33%	42%	18%	7%

3. 农户自为从事两型农业生产体系建设的调查分析

农户是否选择两型农业发展模式，是在特定环境下基于有限理性所做出的主观意愿选择。根据理性行为理论（Theory of Reasoned Action，TRA）和计划行为理论（Theory of Planned Behavior，TPB），行为是由行为意向来决定的，而行为意向又由行为态度、主观规范和感知行为控制三个因素来决定。

理性行为理论认为，行为态度建立在认知等相关因素的基础之

上。如果行为者对某一行为的认知是正面评价，那么行为者的行为态度就是正面的、积极的，否则就是反面的、消极的。农户对发展两型农业的行为态度是建立在对两型农业认知的基础上，如果农户对未来发展两型农业感觉存在很大的风险和不确定性，影响他们现行农业发展模式的预期收益，农户的行为态度将是反面的、消极的。根据上述调研可知，农户自为从事两型农业建设存在的关键障碍之一，就是农户对两型农业建设缺乏整体深刻的认识。农户两型农业生产体系的认知情况调研结果显示，农户拒绝选择两型农业，其中有44%是因为对两型农业不太了解。这表明农户对两型农业的认知处于较低水平。由于认知水平较低，农户难以形成对发展两型农业的良好态度。农户对周围环境的关注度低，农户在生产中很少考虑对环境的影响就表明，农户对发展两型农业给予更多的是负面评价。

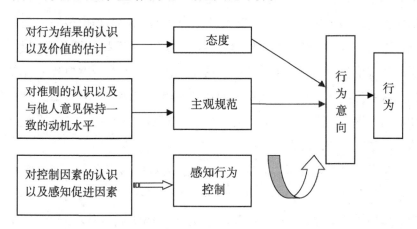

实线箭头所指的关系为理性行为理论，虚尾箭头、弧形箭头所指的关系为计划行为理论

图 4.1　理性行为理论（TRA）与计划行为理论（TPB）

理性行为理论认为，外界适度的压力辅之有效的措施可以扭转人们的态度和行为，进而取得良好绩效。农户发展两型农业的主观规范是农户是否参与两型农业建设所预感的来自当地政府、村民组织和周围邻居等方面的社会压力。这也是农户发展两型农业的社会规则，社会规则一旦形成，农户就会在规则下做出选择。但是从我国两型农业

建设的事实来看，尚未形成发展两型农业的社会规则。以政府为例，一些地方政府缺乏生态意识和对两型农业缺乏系统性认识，缺乏发展两型农业的战略规划，监管和支持不到位，这些缺陷导致政府在两型农业生产体系建设上不作为，从而导致农户缺少政府压力而产生对两型农业建设的消极态度。上述调研结果显示，农户拒绝选择两型农业，其中有4%的农户认为是因为政府扶持不到位，调研农户中只有18%的农户接受技术指导。

计划行为理论认为，感知行为控制是个人对所从事的行为进行控制的感知程度，由控制信念和感知促进因素共同决定。农户发展两型农业的感知行为控制可以理解为农户从事两型农业建设的容易程度的信念。发展两型农业的基础资源越多，农户表现出对发展两型农业的信心就越强，农户就越自为、自发地从事两型农业，反之，将会受到阻碍。上述调研结果显示，农户拒绝选择两型农业的理由很多，主要是：不太了解、没有技术、资金不足、经济效益不高、投入比较大、投入回收期长、规模太小、政府扶持不到位。这说明，农户自为从事两型农业生产体系建设缺乏有效的资源保障，造成农户对发展两型农业的信念缺失，降低农户感知行为控制的概率，导致农户自为从事两型农业建设的意向降低。

从以上基于理性行为理论和计划行为理论的农户自为从事两型农业生产体系建设的行为选择可以看出，由于农户对发展两型农业的行为态度给予负面评价，在主观规范上缺少一定的压力以及感知行为控制能力低下，这三个因素导致农户发展两型农业的意向低下，最终使得农户在发展两型农业的行为上选择否定，这也符合农户有限理性的特征[1]。这和上述调研结果相符：调研农户在农业技术采用上仍以石化农业技术为主，大量使用化肥、农药和地膜；在农户生活垃圾、农膜、废水及家畜禽粪便处理方式方面随意丢弃、随意排放的农户仍占较大的比例。由于缺少两型农业的发展规划和法律法规支持、政府支

---

[1] 肖建华、乌东峰：《湖南省农户自为从事两型农业生产的实证分析》，载《经济地理》2013年第8期。

持力度不够，农户自为从事两型农业生产的意向低下，两型农业生产体系难以建立和发展。可见，两型农业生产体系建设中政府引导必不可缺❶。

第二节　农户他励从事两型农业生产体系建设的具体个案

一、农户从事两型农业生产体系建设的他励

"他励"是相对"自励"而言的，通常是指在电动机中，磁场由另外的电源给予励磁的为他励，而自励就是自己给自己"励磁"的含义。可见，他励是指发电机的磁场要由（本发电机以外的，包括同轴励磁机）别的电源来提供。从词源的角度来看，励是一个形声字，以"力"为形符，所以它有"勉励、鼓励、激励"的意义，他励就是指获得别人的"勉励、鼓励、激励"。

两型农业生产体系的建设不仅仅是一个农户、一个农场的经济活动，也不仅仅是农村社会经济系统自身能够完成的任务，其建设是一项复杂的系统工程，必须借助政府和各种社会力量。换言之，两型农业生产体系建设中农户必须得到政府和各种社会力量的鼓励和支持。农户他励从事两型农业生产体系建设是指在两型农业生产体系建设中农户获得其他组织的鼓励和支持。

二、农户他励从事两型农业生产体系建设的个案

美国农业与贸易政策研究所所长 Jim Harkness，中文名郝克明，是一位中国通，能说一口流利的汉语。2010 年和 2011 年两度来到浙江遂昌县，探寻原生态农业。郝克明说，他考察了中国很多乡村，但是，他在考察中看到很多农业被污染，生态环境遭到破坏，只有到了

---

❶ 肖建华、乌东峰：《湖南省农户自为从事两型农业生产的实证分析》，载《经济地理》2013 年第 8 期。

遂昌，这里纯粹的乡村气息让他眼前一亮。他说："在遂昌，人们用原生态理念创新农业生产模式，让我看到了'四千年农夫'的影子。遂昌走在了世界生态农业发展的前头，这里的实验极具参考价值。"❶郝克明佩服并称赞遂昌县的做法，他说，从来不曾见过一个地方政府会如此倾力于生态保护和原生态精品农业发展，老百姓也如此热情参与。

遂昌县位于浙江省西南部，地处钱塘江、瓯江源头，东倚武义、松阳，南邻龙泉，西接江山和福建浦城，北与衢江、龙游、婺城相连。全县总面积 2539 平方千米，其中山地 22.56 万公顷，占 88.85%，森林覆盖率达 82.3%，拥有林业用地 327.7 万亩，人均 14.19 亩。耕地面积 15.5 万亩，人均 0.67 亩。水域面积 1.8 万公顷，占 7.09%。素有"九山半水半分田"山区县之称。全县总人口 23.1 万，辖 9 个镇、10 个乡、1 个民族乡，7 个社区、5 个居民区、203 个行政村，县人民政府驻妙高镇。

遂昌提出发展原生态精品农业，致力于打造"中国的洁净乡村"，非常值得借鉴。笔者于 2012 年 6 月 12—25 日前往遂昌县农业局、环保局调研，并在遂昌县的妙高镇、北界镇、石练镇、新路湾镇、湖山乡、濂竹乡、高坪乡等几个乡镇进行实地调查。调查发现，遂昌农户他励从事原生态精品农业实践的成功做法如下：

1. 培养农户的原生态精品农业意识

自 20 世纪 70 年代以来，大面积施用化肥、农药对农业生产起到了巨大推动作用，但在改变自然生态环境的同时，也改变了农民的生活生产习惯，逐渐形成了对化肥农药、简易喂养流程的依赖思想。随着人们消费水平的不断提高，消费理念和需求也在不断升级，对食品的营养价值、健康安全等方面的要求越来越高，原生态农产品逐渐被人们所推崇。

2005 年 10 月，国家环保总局正式批准丽水地区成为全国生态示

---

❶ 徐剑：《寻找四千年农夫：遂昌的农耕文化与原生态农业》。http：//gotrip.zjol.com.cn/05gotrip/system/2011/06/17/017607478.shtml.

范区，遂昌县作为其中九县市之一，顺应生态文明兴起的历史潮流，树立"生态立县"的战略目标。在对农产品市场需求进行科学研究的基础上，遂昌充分挖掘良好的生态环境、深厚的文化底蕴等优势，确立了以原生态精品农业为引领的现代农业发展战略。

遂昌确立了原生态精品农业的发展战略后，要引导农户从石化农业向原生态精品农业转型，首先要培养农户的原生态精品农业意识。农户原生态精品农业意识的培养是一个循序渐进的过程，遂昌县充分利用广播、电视、报纸等媒介对农户进行广泛宣传和诚信教育，切实提高农民保护原生态农产品和培育原生态农产品的意识。同时以点带面，搞好示范，用身边的人和事让农民亲眼看到发展原生态精品农业能带来的实惠。这样，遂昌县通过广播电视典型宣传、科普下乡宣传、专业合作社对口交流、创办原生态农产品论坛等形式，让原生态精品农业的理念逐渐家喻户晓，使农民不仅成为口碑的传颂者，更成为培育原生态农产品的参与者。通过发展原生态精品农业，使原生态农产品真正成为农民增收致富的重要渠道后，发展原生态农业已成为遂昌农民的自觉行动。

2. 制定农户的原生态精品农业政策

从石化农业向原生态精品农业转型，单单依靠市场或者农民自身的力量难以实现。在确定原生态精品农业发展战略之后，遂昌将原生态农产品培育作为全县农业的工作中心，统一思想，加强领导。为此，遂昌县成立了以分管副县长为组长的原生态农产品培育工作领导小组，专设编制2名。建立了农业、林业、水利、质监、工商等相关职能部门服务为联结的原生态农产品培育和发展组织体系。农业局专门成立了遂昌县原生态农产品管理中心，以管理中心为投资主体注册了遂昌钱瓯原生态农产品开发有限公司，下设"服务、监管、营销"三大中心。出台了《遂昌县原生态农产品培育行动计划》《遂昌县促进农业产业化发展若干政策》等文件。县政府设立原生态农产品培育专项资金，对新建并通过验收的生产基地，给予一次性补助3万元，主要用于品牌打造、市场营销和生产保险等。同时，设立遂昌县原生态农产品培育工作一、二、三等奖，鼓励工作业绩优异的乡镇。2009

年，安排80万元财政资金用于原生态农产品的宣传、指导、管理和营销等工作。2010年初，又以人大代表表决的方式，通过用3年时间在县域范围内全面限制农药、化肥、添加剂、激素使用的决定。2010年7月，出台《遂昌县原生态精品农业发展规划》，力争通过3年努力，建设十大原生态精品农业园区、百个原生态农产品生产核心基地。

3. 指导农户的原生态精品农业技术

发展原生态精品农业，要充分依靠科技力量，在农产品生产方法回归自然、回归传统的同时，大幅度提升产品品质，大幅度增加产品附加值，达到原生态农产品经济效益的最大化。为此，遂昌县设立了原生态农产品发展专家团，聘请大专院校、省市高级专家作为各个园区、产业的首席专家。开展原生态农产品种质资源普查工作，建立县级原生态农产品优质种质资源库。积极挖掘和选育本土原生态农产品良种，2009年，确定山油茶、原生态水稻、土猪、原生态茶叶、土牛、土鸡、鳙鲢鱼、土羊8个品种作为重点培育对象，在黄泥岭村、徐岙村和岱岭村等地建立了10个原生态农产品生产试点基地。2015年，全县已建成21个品种124个原生态农产品基地。同时，制定了原生态农产品生产技术规范、加工技术规范和产品质量标准。

为了进一步引导广大农户发展原生态精品农业，加快原生态品种和技术推广应用，推进原生态精品农业科技进村入户，2010年3月出台《遂昌县原生态农产品地方标准规范》，以此为依据，2010年7月编制《遂昌县原生态精品农业技术指导手册》。同时，各乡镇建立服务组，落实农技员职责。农技员带着农产品技术标准、土肥土农药配方，下乡劝农守"土"，鼓励和指导农户使用农家肥、有机肥，原生态耕作。在新路湾镇大马埠村，村民从之前忙着采购化肥、农药，转而准备草木灰、猪牛栏肥等有机肥，在镇农技干部指导下，开始在田间地头、山边寻找制作土农药的草料。农技员的引导和劝说，激发了全县参与原生态农业生产的热情。一位70多岁的退休干部把自己保存多年的土肥、土药制作小册子送到县领导手中；石练镇一位农民以自己40多年实践经验介绍土肥土药的功效……2012年遂昌启动建设有机肥配送中心，该项目建在大柘镇，由石练供销社闲置的化肥仓库改建，占地面积 1180 平方米，能储备 5000 吨有机肥。项目完成后极大方便和满足了广大农民群众在种植有机茶、有机水果、有机水稻时对有机肥的需求，也为全县原生态精品农业发展提供物质保障。

4. 创新农户的原生态精品农业组织

先进的生态农业技术只有在大面积土地上采用时，才能取得较高的效益，这就迫切需要农户组织起来。为实现原生态农产品从产品数量向产品质量、从以户为单位向以村为单位转变，遂昌县在充分尊重农民意愿的同时，重点扶持以村集体为单位建立或大多数群众共同组建的专业合作社。通过大力推广"公司 + 基地（合作社）+ 农户"的发展模式，把单家独户的农民通过农业龙头企业、农民专业合作社连接起来，实行原生态农产品标准化生产、会员制监督管理。如使用"人放天养"方式养殖的黄泥岭土鸡，由合作社与各养殖户签订责任书，实行"户籍化"管理。遂昌县妙高镇仙岩村，位于大山深处海拔700 多米的山腰，由当地村委会组建的"妙高七山头土猪专业合作社"为养殖土猪的农户统一提供猪仔、统一养殖标准、统一收购、统一补贴。同时，鼓励农业龙头企业主动参与原生态精品农业建设，如支持建立销售企业 + 专业合作社、终端市场 + 生产基地的模式，发挥流通企业在销售渠道、品牌打造、营销管理等方面的作用，减少流通成本，增加产品收益。

为解决农户原生态精品农业启动资金的难题，遂昌县率先破冰，由政府部门充当"红娘"，实行"互助会初审 + 银行终审"的模式，促成了资金互助会与银行的成功牵手。资金互助会与银行的成功合作，使银行开始积极尝试将信贷触角延伸到"微额贷款"这个过去因风险大而没有涉及的领域。越来越多的农户依靠"微额借款"解决了创业启动资金的难题。

5. 加强农户原生态精品农业的监管

遂昌县为发展原生态农业，打造原生态县域品牌，加强原生态精品农业监管，具体从以下方面展开：（1）制定各项标准规范，实行标准化管理；（2）建立健全农户诚信联保制度，完善原生态农产品的可追溯管理机制；（3）完善各项安全检测手段，建立原生态农产品退出机制。

遂昌县为了严把原生态农产品质量关，2010年3月出台《遂昌县原生态农产品地方标准规范》，同时积极鼓励和支持专业合作社、农业龙头企业开展ISO 9000、ISO 14000、HACCP、GAP、QS等标准体系认证，到2012年上半年，已有17家县级以上规模的农业龙头企业分别通过了ISO 9000、HACCP、GAP体系认证。石练菊米、金竹山茶油、桃源尖高山蔬菜、湖山源有机鱼等11个品牌获得有机食品认证，6个获得绿色食品认证。

为切实强化对原生态农业的监督作用，遂昌县在每个原生态农产品生产试点基地组建农民专业合作社，严格按照技术规范生产。专业合作社普遍建立种养生产档案，推行农户诚信联保，建立农产品质量追溯制度，即在生产过程中要求养殖户建立产销档案，实行质量安全追溯和承诺制度，实行"按标生产、按标上市、按标流通"。同时把其中强制性的生产标准写进村规民约，以道德方式约束村民的种养行为。

遂昌县为了强化对原生态农产品的质量安全管理和执法监督，一是严格执行《兽药管理条例》《饲料和饲料添加剂管理条例》《浙江省食用农产品安全管理办法》《农药管理条例》等法规的有关规定，坚决杜绝使用禁用、淘汰的农业生产资料或超剂量使用药物的行为。二是建成布局合理、层次分明的检测体系，推行监督检测、鼓励委托检测、扶持企业自检三者相结合的检测模式，全面提升检验检测能力，具备了190个产品和参数的检测能力，在茶叶、食品、竹炭等关系民生安全产品以及地理标志保护产品的检验检测体系建设上取得重大突破。对检测不合格的，列入黑名单，进行重点监管，取消政策性扶持并通报曝光。三是组织开展原生态农产品市场经常性检查，以"绿剑"系列农业行政执法为抓手，组织开展农业投入品专项检查；加强动物及其产品的检疫工作，建立和完善冷库动物产品经销台账制度和货到报检制度。从产地、屠宰、市场、运输环节上，严防动物疫病的传入；规范农资供应点，加强饲料和兽药的市场准入管理，建立高毒农药销售档案管理制度。四是建立退出机制。对遭受严重病虫灾害，确需应急防控的，通过相关程序，给予退出，不再认定为原生态农产品。

6. 实现农户的原生态精品农业价值

在市场化过程中，遂昌县将原生态精品农业的品牌打造、生态文化旅游融入与营销模式创新的有机结合，利于市场影响力和产业效益双提升，实现了原生态农产品的优质优价和一、二、三产业的统筹协调发展，有力地推动了农业转型、农村发展、农民增收，还实现了生态环境保护、生态旅游产业、生态农产品生产的可持续协调发展。

为打造原生态农产品品牌，遂昌县狠抓品质，注册商标，改进包装，提高原生态农产品品位，如湖山乡黄泥岭村通过建立村级土鸡专业合作社，注册"黄泥岭"商标，统一管理和销售，取得了巨大成功。另外，乌溪江有机鱼、七山头土猪、原生态牛肉、原生态山茶油的价格比普通同类产品高出1倍以上、有机蔬菜的价格均高出普通同类农产品20%以上。2010年，全县30个原生态精品农业基地销售额达3600多万元，高山"万元田"不断涌现。

除此之外，遂昌县通过常态化的文化节庆活动和积极参加各类高层次的展示展销会，举办原生态农产品推广周、推介会，积极开展原生态农产品的宣传和营销工作，提升发展原生态产业的品牌形象，使原生态农产品迅速得到市场认可。2009年遂昌的土鸡、山茶油、原生态米等原生态农产品成功打入北京、上海、杭州等地，打入高端消费群，使之成为遂昌具有标志性意义的区域产业品牌。

除了通过打造原生态农产品品牌，带动原生态农产品销售外，遂昌还以生态文化旅游市场为依托推动原生态农产品的销售。通过新建如放牛娃体验区、传统农耕劳动体验区、采茶体验区等农业体验园，并将景观概念融入其中，把每一个园区建成一个景区或景点，同时也是一个原生态的物流中心、购物点，千方百计吸引游客前来旅游、体验、购物，促进生产、加工、营销、休闲观光协调发展。生态文化旅游市场的发展离不开赏心悦目的洁净环境和传统的非物质文化遗产，为此，遂昌县从2007年开始整理、挖掘传统的非物质文化遗产，从2009年开始大张旗鼓地推进"洁净乡村"建设。2007年遂昌文化部门组织了450位普查员，历经半年时间，对全县非物质文化遗产进行地毯式搜索，共普查出18大项两千余小项3万多条非遗线索。从2009年起，遂昌以"硬环境景观化，软环境人文化"为要求，全面开展"洁净乡村从我做起""文明习惯从点滴做起"的大行动，并每年投入不少于1000万元资金。为确保活动取得长效，遂昌首次将"洁净乡村"建设纳入领导政绩考核并制订了详细的洁净乡村量化评分考核细则。

在原本经济欠发达的遂昌县，生态经济和乡村休闲旅游业的崛起，吸引了一大批外出务工者回乡创业、就业。当地涌现出一大批延续传统农业的"产业农民"，解决了传统农业无人接续和乡村凋敝的问题。乡村休闲旅游业的兴起使遂昌呈现出强大的"富民效应"。至2011年8月底，全县共接待国内外游客380.5万人次，实现旅游综合收入15.5亿元。

除了发展乡村休闲旅游业，吸引游客走进来消费，遂昌还积极实施走出去。为实现山区原生态农产品与都市大市场的无缝对接，遂昌建立了专门的原生态农产品展销中心，通过组织参加各种展销会、推介会等营销活动，通过强有力的宣传造势，成功打造了遂昌县原生态优质优价的品牌形象。遂昌县还以县域销售为基础，不断扩大大中城市的实体直销网络，成功打开了北京、上海、杭州等地的市场。

遂昌农户他励从事原生态精品农业的案例说明，发展原生态精品农业，首先得益于遂昌县政府因地制宜地提出了原生态精品农业的概念，让山区农户重新认识生态产品的稀缺性以及传统文化的现代价值。其次是遂昌县政府制定了原生态精品农业发展规划、原生态农产品生产技术规范和原生态农产品地方标准，通过开展培育试点和技术指导，为农户提供了技术和资金支持。再次是通过大力推广"公司 + 基地（合作社）＋农户"的发展模式，健全质量追溯机制，把单家独户的农民通过农业龙头企业、农民专业合作社连接起来，实行原生态农产品标准化生产、会员制监督管理，落实质量安全追溯和承诺制度。最后是依托文化和旅游，创新产品营销模式，实现原生态农产品的优质优价和一、二、三产业的统筹协调发展，有力地推动农业转型、农村发展、农民增收，实现了生态环境保护、生态旅游产业、生态农产品生产的可持续协调发展。正是政府的成功引导，激活了遂昌乡村，激活了生态、文化元素，并使发展原生态农业成了遂昌农民的自觉行动。

综观湖南省农户自为从事两型农业生产体系建设的实地调查和遂昌农户他励从事原生态精品农业的个案，可以发现：两型农业生产体系建设中政府引导不可或缺。

第五章 我国两型农业生产体系
建设政府引导的探索

尽管两型农业的实践形式和表现形态多种多样，但可将其归结为三种主要发展模式：生态综合农业发展模式、有机精致农业发展模式和休闲观光农业发展模式。本章通过对我国有机精致农业、生态综合农业、都市休闲农业发展历程的考察来了解我国两型农业生产体系建设政府引导的探索与不足。

第一节 有机精致农业建设的政府引导

"有机农业""精准农业"更多地体现了有机精致农业发展模式的特征。下面从我国有机农业、精准农业的发展历程来考察我国有机精致农业建设政府引导的探索与不足。

一、有机农业建设政府引导的探索

有机农业是指在农业生产过程中基本不用人工合成肥料、农药、生长调节剂或添加剂，而采用由传统有机肥或有机饲料满足作物和畜禽营养需求的种植业或养殖业。20世纪30年代，英国植物病理学家霍华德在总结和研究传统农业的基础上，积极倡导有机农业，并在1940年写了《农业圣典》一书，倡导发展有机农业。经历了近半个世纪的漫长实践，直到20世纪80年代，一些发达国家政府才开始重视有机农业，并鼓励农民从常规农业生产向有机农业生产转变。到2016年底，有机农业土地占全球农业用地的1.2%，其中欧盟国家为6.7%；全球有机食品销售额达到900亿美元，其中美国、德国和法国分别为 389 亿欧元、97 亿欧元和 67 亿欧元,欧盟国家有机食品销售额每年增长 12%❶。

中国有机农业开始于 20 世纪 80 年代,经历了起步、探索、发展的过程,到 2016 年底,中国有机农业耕地面积约占全国耕地面积的 1.5%,中国有机农产品市场销售额为 59 亿欧元,排名全球第四。全球最大的有机产品市场依然是美国,2016 年美国有机农产品销售额约占全球总额的 47%,欧盟占比 37%,中国占比 6%❷。近些年,我国有机产品生产面积及生产产量总体上保持持续上升的趋势,但与发达国家相比仍存在较大的差距和发展空间。我国有机农业发展过程中政府的引导实践主要表现如下。

1. 成立有机认证机构

2002 年,有机产品(食品)认证工作由国务院授权的中国国家认证认可监督管理委员会(以下简称国家认监委)统一管理。截至 2018 年底,我国共有 80 家认证机构开展有机产品认证活动,共有 1.2 万家企业获得有机产品认证证书 2 万余张❸。在中国开展有机认证业务的外国有机认证机构有美国有机认证机构"国际有机作物改良协会"(OCIA)、德国的 BCS、瑞士的 IMO、法国的 ECOCERT 和日本的 JONA 及 OMIC。

2. 出台有机农业生产标准和认证标准

国家环境保护总局有机食品发展中心于 1999 年制定了《有机产品认证标准(试行)》,2001 年 5 月由国家环境保护总局发布成为行业标准。为了规范认证认可活动,提高产品、服务的质量和管理水平,促进经济和社会的发展,2003 年 8 月 20 日国务院第 18 次常务会议通过《中华人民共和国认证认可条例》,2003 年 11 月 1 日起正式颁布实施。国家认监委于 2003 年组织有关部门进行了"有机产品国家

---

❶ 中国农林科技网:"中国有机农业发展:贡献与启示". http://dy.163.com/v2/article/detail/DPQBIU040514FB7N.html.

❷ "中国发展有机农业的纠结". http://blog.sina.com.cn/s/blog_ 5a3c6ad90102zhxx. html.

❸ 中国经济网. 我国有机农业与有机产业将迎来更大的发展空间. http://news. food-mate. net/2019/09/53497.

标准"的制定以及"有机产品认证管理办法"的起草工作，并于 2005 年 4 月 1 日开始实施。2011 年至 2014 年认监委先后对标准、办法和规则进行修订，建立了统一的有机产品认证目录。国家市场监管总局认证监管司将对标准和规则进行再次修订。

3. 制定有机农业发展规划和扶持政策

国家及各级政府制定了区域有机农业发展规划，出台了有机农业发展的支持政策，鼓励和支持企业、组织和个人开展有机生产。如 2002 年四川省双流县制定了《有机农业扶持政策实施细则》；2005 年 8 月农业部发布了《关于发展无公害农产品绿色食品有机农产品的意见》；2007 年新疆维吾尔自治区发布了《新疆维吾尔自治区有机食品发展规划》；2009 年 2 月江苏省宝应县为加快高效有机农业的建设步伐，发布了《关于扶持发展高效有机农业的政策意见》；2010 年 4 月成都市颁布了《关于加快发展有机农业的指导意见》。2009 年，发展绿色食品、有机农产品写入了党的十七届三中全会《中共中央关于推进农村改革发展若干重大问题的决定》中；政府还将地方有机农业发展情况纳入到地方的政绩考核中，从而强化地方政府对有机农业的重视并有力引导各地有机农业的发展。十八大后，我国提出了"健康中国"战略，制定了一系列政策行动，如化肥和农药零增长，水果、蔬菜和茶叶施用有机肥替代化肥等，主要任务是发展绿色有机农业。有机农业示范基地建设，农村一、二、三产业创新融合，标志着我国农业转型升级正式启动。

4. 创新有机农业生产组织模式

由于认证成本、市场准入以及市场风险等原因，单一农户难以进行有机农业生产，以公司为龙头，"公司＋农户"就成为有机农业生产的必然选择。"公司＋农户"主要有三种具体模式：一是公司通过合作社和农户打交道，简称合作社式；二是公司和农户直接签订协议，简称订单式；三是公司把农民的土地租过来，吸收农民成为员工，进行有机农业生产，简称反租倒包式。而在具体的技术模式上，我国不同区域的有机农业发展根据生产的品种类型、生产链长短等，分为以下三种技术模式：种养结合型复合生态模式、单个有机农产品为主的生产模式和"整建制"❶有机生产模式。

二、有机农业建设政府引导的不足

1. 缺乏完善的有机农产品法律法规体系

国外对有机农产品的质量检验检测、质量认证、标准制定、信息服务等纷繁复杂的工作建立了统一的法律规范。我国在有机农业发展方面虽然出台了有机农业生产标准和认证标准，但缺乏完善的有机农产品法律法规体系。国内的有机食品市场还处于发展初级阶段，由于缺乏完善的有机农产品法律法规，市场监管的手段不够完善、力度不大，没有形成规范有序的市场体系。部分有机农产品存在质量隐患，有机认证的规范性亟待加强，有机认证的公信度也有待提高。

2. 缺乏自成体系的一套有机种植技术

为实现有机农业生产技术对环境、农产品应该达到的目标，世界各国，尤其是有机农业发展较好的国家都有自成体系的一套种植技术。中国国内专门从事有机农业科研和教学的机构较少，有机农业的生产研究和科研开发缺少项目与经费，特别缺乏对有机农业生产技术、生产资料的研究、开发和咨询。目前，我国由于缺乏自成体系的一套有机种植技术，种植农户缺少适宜有机种植的优良品种，生产基地缺少有机种植专业技术人员的指导和帮助，缺少有机肥料制作、有效防治病虫害、轮作等相关知识的指导和培训，缺少提高有机农产品商品化率的加工技术。

3. 政府对有机农业的扶持力度不够

发达国家为鼓励有机农业，利用 WTO 绿箱政策，制定本国对有机农业的补贴政策，对获得认证的生产、加工企业等给予补贴，对有机农业的科研机构每年都提供相当数额的资金扶持❷。与规模化和追求效率的现代化"大农业"相比，有机农业强调健康、环保和农业的

---

❶ 所谓"整建制"发展模式是指大规模有计划有侧重地发展有机农业，按照"整建制村—整建制镇—整建制区"的发展路子，最大规模地实现资源优化利用。

❷ 马世铭等：《世界有机农业发展的历史回顾与发展动态》，载《中国农业科学》2004 年第 10 期。

可持续发展，这无疑是未来农业发展的重要方向之一。但是，在我国经济发展的现阶段，这只是一种基于满足消费者个性化消费需求的"小农业"，生产成本高，产品价格高，不可能从根本上取代"大农业"的地位。我国各级政府对有机农业的扶持力度不够，加之政府对有机农业、有机食品的宣传力度不够，使消费者和农户缺少对有机食品的知识，有机农业生产规模小、没有形成产业化，有机农产品销售难。

三、精准农业建设政府引导的探索

精准农业（Precision Agriculture）又称精细农业、精确农业，通过信息技术和自动化技术的综合应用，对农资、农作实施精确定时、定位、定量控制的现代化农业。精准农业通过建立生态学、地学以及农学等模型，利用地理信息系统、全球定位系统以及遥感技术等对农业生产过程中的各项活动进行精准定位，并进行精细管理，以实现农业生产的集约化和信息化。精准农业是现有农业生产措施与新近发展的高新技术的有机结合，是全球卫星定位系统（GPS）、地理信息系统（GIS）、遥感技术（RS）、计算机自动控制系统、网络抽样技术、产量监测器、变量控制技术、作物模拟模型等技术共同兴起的一场新的农业技术革命，其核心技术是"3S"（GPS、GIS、RS）技术和计算机自动控制系统。近些年人工智能（AI）方法论、大数据（Big Data）产业的发展，给原本的精准农业又赋予了智慧性，使其迈向更高的发展层级。通过运用这些新技术，可以对农作物产量和投入进行细致分析，在实际生产过程中，对农作物的生长、土壤以及机械设备等进行实时监测，使各种农业资源得到优化配置，发挥农业资源优势，以获得最大的产量，减少资源浪费，从而不断提高农作物的质量，提高农业生产的效益。

美国是世界上最早提出并实践精准农业的国家，也代表这一领域先进的发展水平。美国有200多万个农场，其中60%～70%采用了精准农业技术。从农业本身看，精准农业主要应用于美国中西部的大豆、小麦、玉米和部分经济作物。根据中国农业农村部农业机械化管理司 2017 年对美国的实地调研分析，在美国，农机精准导航与自动驾驶应用已呈普及之势，农田、作物及环境信息获取和处理技术日趋成熟，变量作业技术正在快速发展和推广中，农业大数据平台已成为精准农业集成应用的抓手。2013 年，德国提出工业 4.0 概念，明确信息化技术在工业中的应用。以物联网、大数据、移动互联、云计算技术为支撑和手段的现代农业形态——农业 4.0 也随之提出。以色列的温室技术从 20 世纪 70 年代至今，完全实现了智能化与自动化，一个温室大约 4000 平方米，从开始播种到收获，全程用电脑控制，基本上不需要人力，而且将滴灌技术引入温室系统，进一步提高了花卉、蔬菜等农作物的产量。

精准农业是在发达国家大规模经营和机械化操作条件下发展起来的，我国直到 20 世纪 90 年代才开始精准农业方面的研究[1]，先后在北京、上海、新疆、黑龙江等 13 个地方实现了大面积应用。现阶段，我国精准农业的发展已经取得一定成效，农业生产发生了巨大改变，科技含量大大提升，尝试着将很多高新技术应用到农业生产中，但是从整体上来说，我国农业总值的增长主要依靠投入生产要素，而科学技术的贡献率还比较低。国外发达国家的科学技术在农业生产总值增长中的贡献率达到 80% 以上，但是我国只有 35% 左右，每年的农业科技成果推广率不到 30%，处于一个比较低的水平。总体来看，精准农业的推广率比较低[2]。我国精准农业的政府引导实践主要表现在：

1. 启动了精准农业的理论与实践研究

1994 年我国科学家提出进行精准农业研究应用的建议，我国已将"精准农业"发展列为"十一五"农业科技战略规划的重点，国家也开始关注国际农业生产技术的前沿领域，开展"精准农业"的研究应用。2002 年国家科技部批准中国农业大学成立"精准农业研究中心"，北京农业科学院成立"国家农业信息化工程技术研究中心"，浙

---

[1] 扈立家、李天来：《我国发展精准农业的问题及对策》，载《沈阳农业大学学报（社会科学版）》2005 年第 4 期。

[2] 张仪：《我国精准农业发展现状》，载《现代农业科技》2017 年第 7 期。

江大学成立"农业信息科学与技术中心",中国农业科学院土壤肥料研究所成立"信息农业研究室"。精准农业的内容被列入国家863计划中,科技部在筛选"面向21世纪解决16亿人口食物安全的关键技术"项目时对精准农业给予了充分重视,中科院也把精准农业列入知识创新工程计划。2015年开始,随着《关于加快发展农业生产性服务业的指导意见》等文件的颁发,北斗农业逐渐在各省应用。近年来,中国农业部还推出116项农业物联网的应用模式,旨在将物联网作为实施"互联网+现代农业"行动的一项根本性措施,加快推广应用,充分发挥其在节水、节药、节肥、节劳动力等方面的作用,提高土地产出率、资源利用率和劳动生产率,促进农业产销向智能化、精准化、网络化转变。

2. 陆续建立起精准农业的示范基地

2000—2003年,国家计划委员会和北京市政府共同出资在北京昌平区建成北京小汤山国家精准农业示范基地。除此之外,我国陆续在河北、山东、上海、黑龙江以及新疆等地区建立了精准农业示范基地,期望通过高科技农业示范工程将精准农业这项国际先进的农田耕作技术向全国推广。一批精准农业示范基地建成后取得了可观的经济效益。

3. 推行测土配方施肥工程

测土配方施肥技术是指通过土壤测试,及时掌握土壤肥力状况,按不同作物的需肥特征和农业生产要求,实行肥料的适量配比,提高肥料养分利用率。测土配方施肥是当前我国推行精准农业的可行技术。2006年9月,农业部测土配方施肥工作办公室发布消息表示,在测土配方施肥春季行动中,全国开展测土配方施肥工作的示范县达1020个,投入财政资金近1亿元,培训农民3000多万人,落实测土配方施肥面积1.3亿亩,减少不合理化肥施用70多万吨,节本增效65亿元❶。

---

❶ 孙贵彬:《农业生产中存在的问题及发展精细农业的必要性》,载《民营科技》2009年第5期。

四、精准农业建设政府引导的不足

1. 缺乏精准农业的发展规划

我国幅员辽阔,地理环境千差万别,地区经济发展不平衡。因此,各地应在充分了解土地资源和作物群体变异的情况下,因地制宜地根据各地具体情况,制定不同地区不同的精准农业发展规划。但目前各地缺乏因地制宜地制定精准农业的发展规划。

2. 精准农业信息技术及其装备薄弱

随着互联网技术的发展和社会的进步,大数据在农业领域得到了广泛应用,对我国农业实现网络化、智慧化、精准化生产产生了促进作用。精准农业以信息技术为支撑,实施过程中信息获取最为关键。但 2003 年我国农业计算机设备的利用率和联网率不到 30%,农村许多地区甚至没有计算机[1]。虽然借助国家互联网信息建设下乡与入村等政策支持,我国农村信息化建设发展取得了一定成绩。如,截至 2017 年底,我国共建成 8 万个农村信息社,农业物联网大数据示范基地扩展到全国 9 个省,认定 210 家全国农业大数据企业示范基地,并推出 426 项农业大数据的相关产品、技术与模式。但是,与世界范围内的农业大数据相比,差距依然存在,我国农业大数据储量为北美国家的 70%、日本的 60%[2]。从已经初具规模的农业大数据基础建设实施和运行效果来看,与大数据收集和运行相匹配的设施设备不完善,在一些城乡区域,互联网技术缺乏普及,信息技术发展不平衡,造成数据收集上的阻碍。而在农业数据收集与传输过程中固定网络运行速率较低,平均网速只有 3.7Mbps,列全球 91 位,与排首位的韩国网络速度 20.5Mbps 相比差距很大。另外,我国没有一个标准的体系来规范农业数据,数据之间的共享也没有一定的支撑平台[3]。

---

[1] 王金武、汪开峰、赵匀:《农业可持续发展与信息化农业》,载《农业机械学报》2003 年第 3 期。

[2] 王佳方:《智慧农业时代大数据的发展态势研究》,载《技术经济与管理研究》2020 年第 2 期。

[3] 王佳方:《智慧农业时代大数据的发展态势研究》,载《技术经济与管理研究》2020 年第 2 期。

我国在相关的农田信息的专家咨询与决策系统、采集和处理系统等基础性软硬件设施方面还不健全。同时，适合中国国情的变量灌溉设备、变量施肥播种机、变量喷药机还有待加速研制。发展精准农业所需要的全球无人机影像匹配技术、高精度处理算法、海量数据高效处理等技术，还掌握在以美国、加拿大为主的国家手中。但中国拥有5G 网络的基础优势，随着各种专业领域国产芯片集成技术的发展，将会带来更多的可能性。

3. 精准农业技术人员和管理人员的培训有待加强

操作精准农业技术设备要求拥有丰富专业知识的技术人员。2006年，我国农村青壮年农民中，初中、小学及以下文化程度的占近90%，而大专及以上文化程度的只占 0.6%❶。近年来，农业大数据也进入快速发展阶段，对专业人才的需求越来越高。据统计，在未来几年间，我国大数据人才的缺口可达 180 万人，目前仅有约 30 万人从事大数据工作，农业大数据的人力资源严重短缺。完善农业大数据制度、建立农业大数据人才支撑、提升农民信息化素质等是未来推进农业大数据发展的着力点❷。发展精准农业除了对农业劳动者进行技术培训外，还要加强农业科技队伍建设和农业管理人才培养。

4. 精准农业政策及资金的扶持力度不够

为提高农业作业效率，我国政府不断加大对农机自动导航系统的补贴力度，消除价格因素对农机自动导航系统市场推广的阻碍。国家加大了对农机的补贴力度与覆盖范围，农机购置补贴从 2010 年的 144亿元增长到 2016 年的 228 亿元。精准农业是涉及现代生物技术、工程装备技术、信息技术等多学科交叉的综合复杂系统。但在实施精准农业的过程中发现，国内目前发展精准农业软硬件设施还不健全，说明政府对各级农业、农机等科研、生产单位及推广机构在资金、政策上的投资和扶持力度还不够。

---

❶ 刘伟明：《精准农业探讨》，载《农业网络信息》2006 年第 3 期。
❷ 王佳方：《智慧农业时代大数据的发展态势研究》，载《技术经济与管理研究》2020年第 2 期。

第二节　生态综合农业建设的政府引导

"生态农业""循环农业""低碳农业"更多地体现了生态综合农业发展模式的特征，由于循环农业、低碳农业本质上就是生态农业，因此，通过生态农业建设政府引导的考察就可以窥知我国生态综合农业建设政府引导的探索与不足。

一、生态综合农业建设政府引导的探索

生态农业，又名生态循环农业，是按照生态学原理和经济学原理，运用现代科学技术成果、现代管理手段，以及传统农业的有效经验建立起来的，能获得较高经济效益、生态效益和社会效益的现代化农业。生态农业既可以充分合理地利用自然资源，稳定、持续地发展农业，同时又可以保护环境和维持农村的生态平衡。如何促进生态农业的发展，政府扶持和引导起着关键性作用。我国生态农业建设的政府引导探索主要表现如下。

1. 组织技术力量开展试验研究

生态农业就是科学技术农业，涵盖了农业的工业化，特别是生物工程技术中的基因工程、细胞工程、生物酶转化工程、发酵工程等。20 世纪 70 年代末，我国乡镇企业、畜牧业迅速发展，农药、化肥、地膜使用量不断增加，对农村生态环境造成了污染和破坏。1979 年，中共中央《关于加快农业发展若干问题的决定》中提出农业发展要注意保持生态平衡。于是，农业、环境保护等部门及科研院所、大专院校开始对生态农业开展试验研究。2002 年，农业部向全国征集到了370 种生态农业模式或技术体系，通过专家反复研讨，遴选出经过一定实践运行检验，具有代表性的十大类型生态模式❶。

---

❶ 这十大典型模式和配套技术是：（1）北方"四位一体"生态模式及配套技术；（2）南方"猪—沼—果"生态模式及配套技术；（3）平原农林牧复合生态模式及配套技术；（4）草地生态恢复与持续利用生态模式及配套技术；（5）生态种植模式及配套技术；（6）生态畜牧业生产模式及配套技术；（7）生态渔业模式及配套技术；（8）丘陵山区小流域综合治理模式及配套技术；（9）设施生态农业模式及配套技术；（10）观光生态农业模式及配套技术。

2. 出台生态农业发展的政策文件

为了进一步推动生态农业的发展，我国政府出台了一系列生态农业发展的政策文件。1984 年《国务院关于环境保护工作的决定》要求各级环境保护部门会同有关部门积极推广生态农业。1985 年《关于发展生态农业，加强生态环境保护工作的意见》对发展生态农业提出了具体要求。1992 年国家把发展生态农业作为环境与发展的十大对策之一。1993 年财政部、水利部国家环保局等 7 部、委（局）成立"全国生态农业县建设领导小组"，并召开了"第一次全国生态农业县建设会议"。1994 年农业部发布了《生态农业示范区建设技术规范（试行）》。1997 年党的十五大把大力发展生态农业列入《中华人民共和国国民经济和社会发展九五计划和 2010 年远景规划纲要》。此外，我国部分省、市也制定了本地区生态农业的扶持和推广政策。2017 年 8 月，财政部、农业部联合印发了《建立以绿色生态为导向的农业补贴制度改革方案》，首次提出到 2020 年，基本建成以绿色生态为导向、促进农业资源合理利用与生态环境保护的农业补贴政策体系和激励约束机制，进一步提高农业补贴政策的精准性、指向性和实效性。

3. 推行生态农业建设的试点和示范

1982 年，国务院环境保护领导小组开始组织生态农业试点工作。21 世纪初，生态农业建设遍布全国 30 个省、直辖市、自治区，全国开展生态农业建设的县、乡、村已达 3000 多个，其中有 7 个生态农业建设点被联合国环境规划署授予"全球 500 佳"称号。通过实施生态农业，改善了农民生活质量，增加了收入，形成了一些典型生态农业建设模式：南方稻田动植物共生模式，农、林、牧复合系统建设模式，生物能多层次循环再生模式，农牧综合经济模式，减灾抗灾生态模式，庭院立体经营模式❶。2015 年上半年，农业部与浙江省政府签署了共建现代生态循环农业试点省备忘录，浙江成为全国唯一一个现代生态循环农业的试点省。

---

❶ 廖卫东、王万山：《发展我国生态农业的对策研究》，载《中国人口资源与环境》2001 年第 S1 期。

二、生态综合农业建设政府引导的不足

1. 生态农业法律体系不完善

法律政策的支撑是生态农业发展的保障。目前，我国促进生态农业发展的规定一方面出现在各级政府的红头文件、工作报告和会议文件中，另一方面见于《农业法》《土地管理法》《环境保护法》《农产品质量安全法》《基本农田保护条例》《食品安全法》等法律法规之中。这些法律法规并不是专门针对生态农业发展的，只是涉及生态农业或与生态农业相关。这些法律法规在宏观上对发展生态农业没有统一的指导思想，在微观上没有具体可行的发展生态农业可操作性实际措施。另外，这些法律法规制定的时间、背景、目的不一，这使得各种政策和法律法规所涉及的生态农业的内容很难协调一致，甚至可能互相矛盾，不足以保障生态农业的发展。而且，目前生态农业还不是严格意义上的法律概念，在《农业法》等相关法律中并未对生态农业的内涵进行明确表述和界定，也未规定相应的法律责任，更未就如何发展生态农业提出相应的实施细则。同时，国家虽然制定了一系列的环保法律法规和标准，但对现有法律法规和标准的宣传和执法力度不够。农村生态环境保护法制建设相对滞后，许多条款可操作性不强，再加上农业环境监测和环境执法力量较为薄弱，影响了法律法规的执行效果，难以适应生态农业建设的需要。

2. 生态农业技术转化推广体系未建立

现阶段，我国生态农业技术多为传统技术的简单叠加，缺乏对传统技术进行优化组合和创新。在生态农业发展过程中，生态农户仍是较多使用沼气技术、间作套种技术等传统生态农业技术，而很少使用甚至抵制精确农业技术和信息技术、生物技术、设施农业技术、自动化农业技术等现代科学技术。另外，由于没有形成科学有效的农业科技成果推广体系，我国实用的生态农业技术引入速度慢、转化效率低。

3. 生态农业的产业组织制度不完善

根据生态经济学理论，生态农业只有在一定规模的区域范围内，其生态系统才能发挥稳定的功能和效益，这就是生态农业的规模经济问题。怎样实现生态农业的规模经济？关键是转变农业发展方式，提高农业的组织化和规模化程度。但当前我国生态农业的产业组织制度不完善制约了生态农业的规模经济。2005年《农村土地承包经营权流转管理办法》出台有助于农村土地流转，但目前有效的土地流转机制有待进一步形成和完善，这在很大范围内限制了土地的有效流转与合理配置，从而使生态农业难以形成规模化的生产与经营。

4. 生态农业的财政金融支持不足

考虑到生态农产品的公共物品属性，国外政府提供了强有力的财政金融支持。农业补贴在我国的实施历史比较长，但对生态农产品及土地资源节约、保护、节水灌溉等生态方面的建设没有针对性补贴，从而导致农民对农业生态项目没有积极性，生态农业发展缓慢。目前，我国生态农业发展缺乏后劲的一个原因就是还没有制订生态农业建设领域的生态效益补偿制度。

生态农业发展由于见效周期长，往往在资金方面较为短缺。目前，很多生态农业建设项目处于起步阶段，需要财政和金融部门的支持。但各级政府财力有限，能够补贴的范围和程度难以适应生态农业发展的需求，这就导致许多生态建设项目难以全面展开，而已经上马的项目由于资金不足又难以顺利开展。金融部门往往因为生态农业投入周期长、见效慢，存在惜贷倾向。一些小额农贷没有很好地落实，农户得不到贷款，生产发展困难。金融部门对农业贷款的发放量不大，不能满足生态农业生产和生态农业企业的发展需求，一些贷款抵押要求过高，还款时限过短，不符合生态农业生产周期长的实际。一些农业龙头企业由于资金短缺，不得不支付高额利息，从民间融资渠道获取资金，背上沉重的高利息负担。资金缺乏问题已经成为制约生态农业发展的重要因素，如果没有政府的政策支持，无论是农户还是生态农业企业的生产经营都会遇到困难。

5. 生态农业知识的教育培训不够

生态农业发展很大程度上取决于全民对农业及农业生态环境的认知程度。目前，我国生态农业发展的生产者与消费者缺乏生态文化、环境法制认识、生态农业知识和食品安全认识的基础。除了生产者和消费者缺乏生态文化、环境法制认识、生态农业知识和食品安全认识的基础外，某些地方政府领导也缺乏上述认识论的基础。某些地方政府领导由于受单一政绩观影响，只重视 GDP 的增长，对发展生态农业缺乏应有的耐心，所以对学习和推广生态农业的先进经验缺乏动力。

第三节　都市休闲农业建设的政府引导

一、都市休闲农业建设政府引导的探索

休闲农业是以农业为基础，以休闲为目的，以服务为手段，以城市游客为目标，农业和旅游业相结合，第一产业和第三产业相结合的新型产业[1]。休闲农业起源于 19 世纪 30 年代的欧洲，其原词是"Recreational Agriculture"或"Leisure Agriculture"，译为休闲农业、观光农业、农业旅游、旅游农业、观赏农业、体验农业、旅游生态农业、田园农业、农庄旅游等。自 19 世纪 70 年代以来，休闲农业在欧洲国家的农村地区迅速开展。我国休闲农业兴起于改革开放以后，经历了 20 世纪 80—90 年代以农业观光旅游为主要形式的早期兴起阶段、20 世纪 90 年代以观光休闲农业园为主要形式的初期发展阶段和 21 世纪以观光、休闲、娱乐、度假、体验、学习、健康等综合功能为主要形式的规范经营阶段。我国休闲农业起步虽晚，但发展较快。2012 年全国休闲农业接待游客超过 8 亿人次，营业收入超过 2400 亿元，规模以上休闲农业园区超过 3.3 万家，从业人员超过 2800 万，

---

[1]　郭焕成、吕明伟：《我国休闲农业发展现状与对策》，载《经济地理》2008 年第 4 期。

占农村劳动力的 6.9%❶。2016 年全国休闲农业和乡村旅游共接待游客近 21 亿人次，营业收入超过 5700 亿元❷。我国都市休闲农业建设中政府引导的探索主要表现如下。

1. 政府逐渐重视休闲农业的发展

农业部、国家旅游局从 20 世纪 90 年代以来开始重视休闲农业的发展。1998 年国家旅游局推出"华夏城乡游"主题，后来"生态旅游年"和"中国乡村旅游年"的主题相继推出。2007 年 4 月农业部和国家旅游局提出发展休闲农业的指导思想、基本原则和工作要求，并组建"中国乡村旅游网"，以此为平台有力地推动了全国休闲农业的发展。2007 年和 2010 年中央"一号文件"以及《国务院关于加快发展旅游业的意见》都对发展休闲农业提出了具体要求，指明了发展方向。2010 年 7 月农业部和国家旅游局再次联合发布《关于开展全国休闲农业与乡村旅游示范县和全国休闲农业示范点创建活动的意见》。从 2010 年开始，农业部在全国范围内开展中国最有魅力休闲乡村推荐活动，每年认定 10 个魅力乡村推荐给社会大众，培育休闲农业知名品牌。《中共中央国务院关于实施乡村振兴战略的意见》指出，大力开发农业的多种功能，实施休闲农业和乡村旅游精品工程。《全国农产品加工业与农村一二三产业融合发展规划（2016—2020 年)》提出要组织实施休闲农业和乡村旅游提升工程。

2. 大规模开展农村基础设施建设，为休闲农业发展创造条件

近年来，中央和地方财政新增投资，主要用于加强农村基础设施建设，农村的道路、水、电、通信等基础设施得到了明显改善，为休闲农业发展提供了有力支撑。例如，北京郊区在发展休闲农业的过程中，各级政府侧重投入主干道路、供水、供电、废弃物和污水处理、通信等公共设施建设，支持农村整治村容环境，帮助农户改进厕所、取暖等庭院设施条件。

---

❶ 农业部发布 2012 年 10 个中国最有魅力休闲乡村. http：//www. cnr. cn/gundong/201303/t20130303_ 512070129. shtml.

❷ 商建维：《都市休闲农业高质量发展实现路径与前景展望》，载《农业展望》2018 年第 5 期。

3. 制定休闲农业发展规划，成立休闲农业管理体系和社会服务体系

发展休闲农业，首先要制定科学的发展规划。根据《中华人民共和国国民经济和社会发展第十二个五年规划纲要》和《全国农业和农村经济发展第十二个五年规划》精神，结合休闲农业发展实际，2011年农业部组织编制了《全国休闲农业发展"十二五"规划》。各级地方政府也对本地休闲农业的发展做出了规划，如河南省是农业资源、乡村旅游资源非常丰富的区域。2010年，河南省旅游局按照"因地制宜、突出特色、规划先行"的原则，分别对列入"百村万户"工程的特色村进行"一村一品""一家一艺"的旅游产品策划，各村将按照审定的策划方案进行基础设施和公共服务体系建设。陕西省在深入调研的基础上，结合全省休闲农业发展实际，2011年制定了《陕西省休闲农业"十二五"发展规划》，确定以休闲农业示范县、休闲农业产业示范园、休闲农庄、休闲农家建设为重点，着力打造陕北黄土风情、关中民俗文化、陕南山水风光三大休闲农业发展板块。2017年湖南省政府办公厅出台《关于推进农村一二三产业融合发展的实施意见》，大力发展休闲农业和乡村旅游，以农耕文化为魂、美丽田园为韵、生态农业为基、传统村落为形、创新创意为径，打造长株潭都市休闲农业片区、环洞庭湖农业生态旅游圈和湘西湘南民俗文化休闲旅游带，推动形成红色旅游、民族风情、休闲度假、康体养生、科普教育等系列主题的旅游产品。

我国为促进休闲农业发展，成立了休闲农业行政管理体系和社会服务体系。休闲农业行政管理体系基本建立，如江西省成立了休闲农业办公室、海南省成立了休闲农业发展局，这样省一级的休闲农业行政管理工作基本做到了有部门负责、有人专管。在休闲农业社会服务体系方面，农业部与国家旅游局联合成立了中国旅游协会休闲农业和乡村旅游分会，不少省（自治区、直辖市）也成立了类似的行业协会。

4. 制定休闲农业标准，加强休闲农业人员的从业培训

农业部组织制定了农业观光休闲农庄建设标准、休闲农业企业内

部管理规范标准等。各地也制定了休闲农业的建设标准和管理规范标准。如2010年陕西省组织人员起草了陕西省地方标准——《休闲农家经营要求》，明确规定了休闲农家的场所、食品、卫生、经营、管理等要求。近年来，陕西省采取"走出去"和"请进来"的办法对市县农业部门、休闲农业企业和休闲农家负责人进行培训。同时，农业部把休闲农业从业人员的培训纳入到阳光工程培训计划，2009年以来，农业部举办了很多期休闲农业管理人员培训班，使许多休闲农业管理者和从业人员得到培训。

二、都市休闲农业建设政府引导的不足

1. 休闲农业缺乏科学的统一规划

目前，大多数地方没有制定观光休闲农业的总体规划，也没有明确的管理机构和管理办法，观光农业发展基本上以乡村和企业自主开发为主，布局不尽合理。致使同一区域休闲农业项目开发的模式雷同，除了有特殊风景或人文风貌的，其余都大同小异。

2. 休闲农业的规章制度和管理机制不健全

农业部门、旅游部门与其他相关部门都从事休闲农业的管理。虽然有些地区的建设、农林、水利和旅游部门都制定了一些相应的标准来评定景区景点的等级，实施着各自相应的管理办法，但这样又往往形成多头管理，在管理上不够协调，经营管理也不够规范。由于缺乏统一的管理规范和标准，很多地方开展的农业旅游项目服务设施不健全、卫生不合格、安全有隐患、服务无标准，管理混乱无序，严重影响了农业旅游的健康持续发展。

3. 休闲农业的政府财政投入和金融支持不足

现代都市农业发展需要大量生产要素的投入，高投入、高产出是现代都市农业的基本特征，这就要求现代都市农业发展所需要的生产要素是充足且投入渠道必须是通畅的。中央实施社会主义新农村建设以来，大量财政资金和各种优惠政策向农村地区倾斜，农村的基础设施得到了极大改善。但观光休闲农业的不断发展迫切需要进一步加大农村的基础设施投资和产业投资，从而要求扩大投资规模。由于休闲

农业的政府财政投入和金融支持不足，导致很多休闲农业规模比较小，主要以个人、民间投资为主，整体建设水平比较低，设施配套不齐全，服务功能缺乏创新。

4. 休闲农业的从业人员的培训有待加强

观光休闲农业大多在自然发展的基础上形成，大多数经营者是农民，很大一部分人存在"小农思想"，缺乏长远的发展意识和现代经营管理意识。由于经营者缺乏必要的培训，组织能力及管理技能准备不足，往往凭着自己的经验对项目建设及经营管理做出决策，明显跟不上市场对其发展的要求。从业人员与休闲农业服务缺乏专业系统的培训和教育，也缺少对服务的管理和监督，其服务意识和服务技能较差，管理比较粗放、涣散，服务水平较低，导致餐饮、住宿、娱乐、安全、卫生等还不够规范，影响了乡村旅游经营和管理水平。

有机精致农业、生态综合农业和都市休闲农业这些"替代农业"只是两型农业的表现形态而已，中央政府未提出两型农业生产体系战略之前，我国就已开始有机精致农业、生态综合农业和都市休闲农业的探索和实践。自从中央政府 2008 年提出大力发展两型农业的战略目标以来，全国各地区纷纷开展两型农业的规划工作，并出台了相应的扶持措施。如武汉市农业局在 2008 年就出台了《两型农业建设重点工作实施方案》，湖南省长沙县制定了《长沙县现代农业区域布局规划》。许多地方着力抓好一批两型农业重点项目和示范项目建设，通过项目整合推进两型农业发展。如湖南省 2010 年新建农业标准化示范区 34 个、建设农村清洁工程示范村 100 个。武汉市政府通过抓好一批资源节约型、环境友好型、循环经济型、产业集约型、"1+8"城市圈生态农业型等"两型农业"项目推进两型农业的发展。随着中央对农业基础设施投入力度的加强，各地区纷纷开展道路交通、农村环境治理以及农田水利等方面的工作。

纵观两型农业生产体系建设政府引导的主要做法，我们可以窥知中央和地方各级政府主要围绕两型农业的发展，分别从规划、立法和政策引导、项目推进、农村基础设施建设、环境监管等方面着力推进两型农业发展，并取得较好实效。当前，我国两型农业生产体系建设中政府引导处于试点总结阶段，两型农业生产体系建设的政府引导理念尚未真正建立、政策法律体系仍需进一步完善、发展两型农业的公共基础设施投入不足、两型农业技术支撑体系尚未建立、农业生态环境保护和市场监管机制不够健全。鉴于此，为了更好引导我国两型农业生产体系建设，亟须分析制约我国两型农业生产体系建设中政府引导的因素。

第六章　我国两型农业生产体系
建设政府引导的制约因素

当前我国两型农业生产体系建设中政府引导处于探索阶段，政府引导虽取得一定成效，但和国外发达国家相比，政府引导的作用明显不足。2012 年农业部派出 123 名机关干部和农技人员分成 30 个组、深入 27 个省（区、市）408 个乡（镇）开展为期一个月的驻乡进村入户调查活动。笔者结合农业部 2012 年的百乡万户调查具体分析我国两型农业生产体系建设中政府引导的制约因素。当前我国两型农业生产体系建设政府引导的制约因素主要是两型农业的劳动力制约、两型农业的技术制约、两型农业的组织制约、两型农业的资金制约、两型农业的制度制约。

第一节　两型农业的劳动力制约

一、后农村劳动力转移时期农村劳动力现状

经过 30 余年农村劳动力的大规模持续外流，目前我国已进入后农村劳动力转移时期❶。后农村劳动力转移时期，我国农村劳动力呈现老龄化、女性化、儿童化和低素化。

国家统计局 2012 年公布的数据显示，我国农村人口 65656 万人，占总人口的 48.83%；同时，流动人口（人户分离人口）为 2.3 亿，

---

❶ 夏莉艳：《后农村劳动力转移时期的农业政策取向——基于日、韩的经验研究》，载《经济问题探索》2010 年第 3 期。

劳动年龄人口比例为 74.4%，即使这 2.3 亿全是农民工，我国农村人口则还有 4.2 亿，在刨去非劳动年龄人口，则还有 3.15 亿[1]。

农村居民家庭劳动力的文化状况（见表 6.1），1990—2010 年平均每百个劳动力中不识字或识字很少、小学程度、初中程度所占比例不断下降，高中程度、中专程度、大专及大专以上所占比例不断上升。这说明我国农村居民家庭劳动力受教育程度不断提升，但是初中及初中以下文化程度仍占 80% 以上的比例。

表 6.1　农村居民家庭劳动力文化状况

指标	单位	1990 年	1995 年	2000 年	2008 年	2009 年	2010 年
平均每百个劳动力中：							
不识字或识字很少	人	20.73	13.47	8.09	6.15	5.94	5.7
小学程度	人	38.86	36.62	32.22	25.30	24.67	24.4
初中程度	人	32.84	40.10	48.07	52.81	52.68	52.4
高中程度	人	6.96	8.61	9.31	11.40	11.74	12.1
中专程度	人	0.51	0.96	1.83	2.66	2.87	2.9
大专及大专以上	人	0.10	0.24	0.48	1.68	2.10	2.4

数据来源：《中国农村统计年鉴 2011》。

考察农村居民家庭劳动力文化状况还不够，还需要了解农村居民家庭劳动力的性别分布和年龄分布状况。湖南省产粮第一大县是宁乡县，2012 年宁乡县农业局对县里 100 个村 1000 户农户进行了调查，据统计，1000 户农户中，从男女比例来看，男性仅占 34.3%，女性占到了 65.7%；粮食生产从业人员 50 岁以上的占了 63%，20~29 岁的只有 3.5%，30~49 岁的约占 25.3%；从文化程度来看，小学文化占 17.2%，初中文化 67.7%，高中及以上学历的，仅仅 15.1%[2]。河南是我国的农业大省，据河南省农业部门 2012 年的一项调查显示，

---

[1]　郭文婧. 提高种地收益不愁无人种地 . http://news.xinhuanet.com/comments/2012 - 03/20/c_ 111676071. htm.

[2]　颜珂：《明天，谁来种地?》，载《人民日报》2012 年 12 月 23 日。

全省 2698 万务农农民中，初中及初中以下文化程度的占比高达九成以上，45 岁以上的兼业农民占全省务农农民的比例也高于 70%，而其中的专业农民不足 10%❶。

四川是我国的农业大省也是最主要的劳务输出地之一，有 2000多万农民工，其中将近 50% 输出到省外。据学者 2014 年对四川省三个具有代表性的传统农区 501 个农户的问卷调查发现，农业劳动力在年龄上的分布为：45～60 岁的比重最高，为 43.6%；其次是大于 60岁的，为 33.2%；最低的为 45 岁以下，仅为 23.2%。农业劳动力在男女性别上基本持平，女性劳动力略高一些，比重为 53.9%。从事农业生产的劳动力受教育水平更低，有 70% 的农业劳动力受教育水平为小学及以下，而高中及以上教育水平的只有 4.11%。在调查区域，农村 60 岁以上劳动力人口占总人口的比重达 18%，远超过国际老龄化社会标准❷。

从以上调查统计数据可知，当前我国在家种地的劳动力中初中及初中以下文化程度的占比高达 80% 以上；老的比少的多，女的比男的多，50 岁以上的占比达到 60% 以上。宋斌文根据每年农村劳动力异地转移的宏观数据推算，我国农村 60 岁以上的老年人口比例在 2020年将达到 24.5%，2030 年将达到 33.8%❸。据报告，2012—2017 年湖南省农村常住人口中有高达 95.8% 的 60 岁及以上的老年人和 90%以上的 0～19 岁的婴幼儿童、青少年❹。种地依靠"三八、六一、九九"（妇女、儿童、老人）部队，在很多农村的田间地头，已经不是一年两年了。青壮年，特别是"80 后""90 后"新生代农民，不愿回农村，不愿从事农业生产。从农村出去的大中专学生，甚至农业院

---

❶ 李鹏. 河南培养职业农民破解"老人农业"难题. http：//news. xinhuanet. com/lo-cal/2012－02/29/c_ 111586278. htm.

❷ 郭晓鸣等：《农业大省农业劳动力老龄化的态势、影响及应对——基于四川省 501个农户的调查》，载《财政科学》2014 年第 4 期。

❸ 宋斌文：《农村劳动力转移对农村老龄化的影响及其对策建议》，载《公共管理学报》2004 年第 2 期。

❹ 陈旭等：《从农村"空心化"看湖南省农村土地撂荒》，载《农村经济与科技》2019 年第 24 期。

校毕业的学生，都不愿意回到农村工作。在种粮效益较低的情况下，年轻人纷纷选择外出打工赚钱。随着农民外出打工的增加，农民外出打工的工资性收入占农民收入的比重不断增加。从农村居民家庭收入状况（见表6.2）可知，从1990年至2011年，农村居民家庭纯收入不断增长，2011年增加17.8%，其中工资性收入增加21.8%，占纯收入的42.4%，仅次于家庭经营收入。

表6.2 农村居民家庭收入状况

项目	单位	1990年	1995年	2000年	2010年	2011年
调查户数	户	66960	67340	68116	68190	73630
平均每人年收入：						
纯收入	元	686.3	1577.7	2253.4	5919.0	6977.3
工资性收入	元	138.8	353.7	702.3	2431.1	2963.4
家庭经营收入	元	518.6	1125.8	1427.3	2832.8	3222.0
财产性收入	元	29.0	41.0	45.0	202.0	228.6
转移性收入	元		57.3	78.8	452.9	563.3

数据来源：《中国统计摘要2012》。

二、两型农业的高素质青壮年劳动力被转移

现代石化农业的典型特点是高资本投入，低劳动力投入。农药、化肥、除草剂是农民从事现代石化农业的三大法宝，有了这些法宝，可以减少劳动力投入，减轻劳动强度，提高产量，增加农民收入。相比而言，两型农业则恰恰相反，它需要用更多的劳动力投入来减少生产资料投入。例如，在两型农业模式中，种植绿肥是补充地力非常好的选择。然而种植绿肥作物一般亩产鲜草2000公斤左右，这些鲜草可转化成9公斤纯氮，相当于20公斤尿素的含量[1]。20公斤尿素的成本也就40多元，而雇用一个农业劳动力一天的成本就要100~150元，可见，种植绿肥农民既要操心又要额外花费劳动力成本，很难吸

---

[1] 新能源与低碳行动课题组：《低碳经济与农业发展思考》，中国时代经济出版社2011年版，第189页。

引农民种植。

另外，据农业部百乡万户调查组在吉林省伊通满族自治县（简称伊通县）的调研，伊通县靠山镇姜家村党支部书记陈树国谈到为什么不增施农家肥来解决土地板结难题时，给调研组算了一笔账：一公顷耕地需要 35~40 立方米农家肥，到养殖户和养殖小区拉肥时需要交钱，自己还得雇钩机和人员装车。运费也是一笔钱，一个四轮拖拉机一次能装 2.5 立方米左右的农家肥，一公顷地的运费就得 2500~3000 元。农家肥拉回来还得兑土和发酵，这还需要场地和黑土资源❶。由此看来，农民施用农家肥不比施用化肥省钱，农民施用农家肥费工、费时、费钱，还需要场地和黑土勾兑。而在靠山镇靠山村，村里耕地少，养殖户多，很多农家肥运不出去。该村党支部书记高启说："由于村里的壮劳力都外出打工，在家里搞养殖的都是老弱者和妇女，积攒下的农家肥往地里运输是个难题。一是干体力活就得花钱雇人，而且人员还不好雇；二是往地里送肥就得用四轮车送，现在柴油这么贵，农民舍不得花钱送肥；三是农家肥需要发酵才能给庄稼用，这需要时间和场地❷。"

再以稻田养鱼为例。稻田养鱼可免去锄草、耘田等劳动力投入，具有显著的生态效益和经济效益。但随着市场经济发展，农民的非农收入所占比重越来越大。如果单一种植水稻，水稻生长期按 180 天计算，插秧、耘田、施药、割稻占 20 天，农民可以在剩余的 160 天外出打工。如果进行稻田养鱼对劳动技能的要求更高，同时，需要掌握种养殖技术，而且农民不能长时间外出打工，且零散揽工的时间往往也得不到保证。这样，农民单一种植水稻的收入比稻田养鱼的收入更高。

东亚传统小农经济从来就是"资源节约、环境友好"，且可持续发展的。东亚三国农业生产的最大特点是，高效利用各种农业资源，甚至达到了吝啬的程度，但唯一不惜投入的就是劳动力❸。我国农业

---

❶　阎红玉：《伊通"培肥地力"呼声高》，载《农民日报》2012 年 2 月 27 日。

❷　同上。

❸　[美] 富兰克林·金：《四千年农夫：中国、朝鲜和日本的永续农业》，程存旺、石嫣译，东方出版社 2011 年版，中文版序言。

人口数量非常庞大，但是经过近 30 年农村劳动力的大规模持续外流，我国农村劳动力呈现老龄化、女性化、儿童化和低素化特征，青壮年，特别是"80 后""90 后"新生代农民，不愿回农村，不愿从事农业生产。劳动力外出转移增加了农业生产劳动力投入的机会成本，造成了农民对除草剂的依赖，特别是在高收益的水果和蔬菜作物生产中，化肥和农药的过度使用情况十分突出。另外，很多农业专家认为劳动力是两型农业前期投入成本中的主要部分，尤其是知识型的劳动力投入。可见，后农村劳动力转移时期我国农村高素质青壮年劳动力被转移制约了当前两型农业的发展。

第二节　两型农业的技术制约

一、农户采纳两型农业技术的意愿不强

中国是后发展国家，在走向现代化的过程中基本沿袭了西式现代农业发展模式。四十多年前，我国农民种地施用的是粪便沤出来的有机肥，对付虫害也多采取一些有毒性的植物之类的土方法。从 20 世纪 80 年代起，化肥和农药逐渐从国外引入。开始时，化肥被用作有机肥的补充，随着化肥的"速效"慢慢得到农民认可，而施用有机肥又臭又累，农民们就开始放弃有机肥和土农药，慢慢形成了"庄稼一枝花，全靠农药和化肥当家"的现状。从 20 世纪 70 年代末，农用塑料薄膜的应用从蔬菜扩展到粮油等大田作物。中国农业生产已经形成对化肥、农药和农膜的依赖性，农用化肥、农药和农膜的使用量不断增长（见表 6.3）。

表 6.3　农用化肥、农药、农膜使用量

指标	单位	1990 年	1995 年	2000 年	2005 年	2009 年	2010 年
化肥施用量（折纯量）	万吨	2590.3	3593.7	4146.4	5239.0	5404.4	5561.7
农药使用量	万吨	73.3	108.7	128.0	167.2	170.9	175.8

指标	单位	1990 年	1995 年	2000 年	2005 年	2009 年	2010 年
农用塑料薄膜使用量	万吨	48.2	91.5	133.5	200.7	208.0	217.3

资料来源:《中国农村统计年鉴 2010》和国家统计局《环境统计数据 2010》。

改革开放以来,中国的农业正在工业化道路上被大化肥、大农药、除草剂、添加剂、农膜、无机能等裹挟着发展。我国农药年产约 170 万吨,平均 18 亿亩农田每亩需要近两斤,其中有 60% ~ 70% 残留在土壤中;国际公认的化肥施用安全上限是 225 千克/公顷,但我国农用化肥单位面积平均施用量达到 434.3 千克/公顷,是安全上限的 1.93 倍;我国每年约有 50 万吨农膜残留于土壤中,残膜率达 40%。这些化学合成物质不仅污染了耕地、水等农业之本,还严重威胁到食品安全[1]。我们用占世界 7% 的土地,养活了占世界 22% 的人口,但同时也消耗了全世界 30% 以上的农药化肥等农用化学品。农业部统计数据显示,我国农作物亩均化肥用量 21.9 千克,远高于世界平均水平(每亩 8 千克),是美国的 2.6 倍,欧盟的 2.5 倍;我国有机肥资源总养分 7000 多万吨,实际利用不足 40%;我国农药平均利用率仅为 35%[2]。长期过量使用化肥、农药导致土壤板结,重金属含量超标;畜禽粪便、农作物秸秆和农田残膜等农业废弃物不合理处置,造成农业面源污染日益严重。2015 年,农业部官员在国新办发布会上公开表示,农业已超过工业成为我国最大的面源污染产业[3]。

追求粮食产量和保证安全,是中国政府面临的一个难题。现实表明,要想破解我国农业发展中面临的两难困局,不能再走西式国家大

---

[1] 韩乐悟:《中国化肥用量 60 年增百倍 有毒物质危及食品安全》,载《法制日报》2011 年 5 月 27 日。

[2] 农业部网站. 农业部关于印发《到 2020 年化肥使用量零增长行动方案》和《到 2020 年农药使用量零增长行动方案》的通知. http://jiuban.moa.gov.cn/zwllm/tzgg/tz/201503/t20150318_ 4444765. htm.

[3] 人民网. 农业部副部长:农业已超工业成最大面源污染产业. http://env. people. com. cn/n/2015/0415/c/2010 - 26846588. html.

规模、高产出、高消耗、高污染的工业化农业之路。资源节约型、环境友好型农业是破解我国农业发展中两难困局的正确选择。

农户是农业生产和经营的主体，两型农业技术只有快速、有效地扩散到农户手里，才能转化为现实生产力。一些学者通过建立经济模型，分析影响农户应用现代农业技术的主要因素，这些因素大致包括农户规模❶、不确定性和风险考虑❷、信贷和资金制约❸、信息获取❹、农户受教育水平❺五个方面。作为理性的经济主体，农户决定是否采用两型农业技术时，也受上述因素制约。但作为有限理性的农户首先考虑的是采用两型技术能否为其带来比采用常规技术更高的收益，如果不能带来更高的收益，农户就不会采用❻。虽然生物农药对人、物副作用小，但是杀虫效果不如化学农药，而且贵。500 毫升生物农药可能上百元，化学农药可能就十几元，化学农药一喷虫子就死了❼。可见，经济因素驱使农民更多地选择化学农药。如前所述，农民施用农家肥不比施用化肥省钱，农民施用农家肥费工、费时、费钱，还需要场地和黑土勾兑。

资源节约型、环境友好型农业技术具有很强的正外部性，社会收

---

❶ 参见 Feder Geohon：Farm Size, Risk Aversion and the Adoption of New Technology under Uncertainty, Oxford Economic Papers, 1980：263 – 283；Zilberman David；Just RichhardE：Labor Supply Uncertainty and Technology Adoption, Iowa State University Press, 1984.

❷ 参见 Lindner Robert K., Fiseher, A. J.：Risk Aversion, Information Quality and the Innovation Adoption Time Lag, mimeographed, Adelaide：University of Adelaide, 1981.

❸ 参见 Stonernan, Myung Joong Kwon：Technology Adoptionand Firm Profitability, The Economic Journal, 106（437）：952 – 962, 1996；Zeller M. Diagne, Amatayac：Market Accessby Smallholder Farmers in Malawi：Implications for Technology Adoption, Agricultural Productivity and Crop Income, Agricultural Economics, （19）：219 – 229, 1998.

❹ 参见 Beal George M., Bohlen Joe M.：The Diffusion Process, Iowa State Agricultural Experiment Station Special Report No. 18, Ames：Iowa State University, 1958；Rogers Everett：Diffusion of Innovations, Iowa State Agricultural Experiment Station Special Report No. 18, Ames：Iowa, State University, 1957.

❺ 参见 Huffman, W. E.：Agricultural Household Models：Survey and Critipue, Multiple Job Holding among Farm Families, Ames, IA：Iowa State University Press, 1991.

❻ 向东梅、周洪文：《现有农业环境政策对农户采用环境友好技术行为的影响分析》，载《生态经济》2007 年第 2 期。

❼ 中国农业过度依赖农药化肥导致土壤污染．http：//www. gdcct. gov. cn/politics/feature/zeny/guxi/201209/t20120927_ 724087. html#text.

益远大于技术采用者的私人收益。农户采用资源节约型、环境友好型技术获得的收益与传统技术相比没有多大差别，甚至小于传统技术的收益，但承担的风险和成本却在加大，这就需要通过经济手段来补偿损失。但我国现在的农业环境政策建设还远不能满足农村生态环境保护的需要，特别是在激励农户采用环境友好技术的有效性方面还存在很多问题，我国现有农业环境政策并不能对农户的技术选择行为形成良性刺激❶。

农户具有较强的风险规避和经济偏好特征❷，我国现有农业环境政策并不能对农户的技术选择行为形成良性刺激，从而导致我国农户采用两型农业技术的意愿不强，两型农业技术的扩散缓慢。有关研究表明，2007 年我国两型技术扩散速度仅为 0.234%，远低于全国一般技术扩散速度（1.12%）❸。有学者 2012 年对湖南省洞庭湖区某有机农业生产基地进行了调查，表现出有很强或比较强采纳两型农业技术意愿的农户分别占 9.4% 和 56.3%❹。笔者 2012 年选取湖南省永兴县、隆回县、安化县、溆浦县、平江县、桑植县作为调研样本进行调查得知，调研农户在农业技术采用上仍以石化农业技术为主，大量施用化肥、农药和地膜；由于缺乏两型农业的发展规划和法律法规支持、政府支持力度不够，农户自为从事两型农业生产体系建设的意向低下。

二、两型农业技术的研究推广体制障碍

改革开放以来，随着工业化、城市化进程加快，我国农业人口大量流动，越来越多的农村劳动力转向城市，农业劳动力形势也越来越严峻，"谁来种地"日益成为必须面对的重大问题。另外，当前我国

---

❶ 向东梅、周洪文：《现有农业环境政策对农户采用环境友好技术行为的影响分析》，载《生态经济》2007 年第 2 期。

❷ 沈宇丹、杜自强：《环境友好型农业技术发展的难点和对策》，载《生态经济》2009 年第 2 期。

❸ 宋德军、刘阳：《中国农业技术扩散的实证研究》，载《统计与决策》2007 年第 11 期。

❹ 周建华等：《资源节约型与环境友好型技术的农户采纳限定因素分析》，载《中国农村观察》2012 年第 2 期。

农业发展面临的土地、水等资源约束和生态环境压力已十分突出。可见，随着工业化、城镇化的深入发展，我国农业发展面临劳动力、资源环境和市场的多瓶颈约束。面对新的形势，继续投入大量劳动力和消耗水土资源已基本没有余地，继续增加化肥农药使用也难以为继。因此，资源节约型、环境友好型农业的根本出路在于围绕节约资源和保护环境，合理开发与高效利用一批先进的农业实用技术。两型农业技术研究需要投入大量的研究资金，私人公司在资金投入中所占份额很小，这就意味着，除非由公共部门直接投资，否则两型农业研究活动将会减少。"研究和推广"常常同呼吸、共命运，只有农民采用了两型技术，研究结果才算是有用的。目前，制约两型农业技术发展的主要症结是，两型农业科研投入不足，两型农业研究和推广存在体制机制障碍。

两型农业科研是社会公益性事业，依靠政府投入是世界上无论发展中国家还是发达国家的通行规则。2010年我国农业科研投入占农业增加值的比例仅为0.6%左右，与联合国粮农组织建议的发展中国家1%的水平有较大差距，也远低于发达国家2%以上的比例。可见，两型农业科研投入不足是制约两型农业技术创新的突出矛盾。

我国农业科研投入本来就不足，但有限的农业科研经费大多被北京等地科研院所和部委以项目立项的形式掌控。而关注农业生产基本研究的地方科研机构由于经费争取较为被动，大多只能附着上级项目。农业部安徽、黑龙江、河南等地的调研发现，地方农业科研机构由于经费投入不足，使地方农业科研机构尤其是基层地方农业科研机构面临科研人员待遇偏低、基础条件不完善、科研仪器陈旧、科研设施落后以及科研手段严重滞后等问题难以得到有效改善，科研人员的积极性受到极大影响。

中华人民共和国成立以来，经过几十年的发展，我国基本形成了以政府推广体系为主，农业高校、科研院所、农民合作组织、涉农企业等共同参与的农业技术推广体系。但自20世纪90年代起，作为基层事业单位农村基层科技服务体系的农技站、农机站、畜牧站与水利站等在历次乡镇机构改革中被"脱钩"、被"断奶"，一度处于"线断、网破、人散"的边缘。近年来,有学者在广东省 Q 县进行了专题调研,该县位于粤北地区,是农业大县,全县仍然有大量农民以农业为主要收入来源。该县涉农服务机构经过多轮的改革,已经精简到近乎名存实亡的程度❶。

近年来国家与各级地方政府相继出台了一系列深化改革加强农村基层科技服务体系建设的政策措施,但新的农村基层科技服务体系尚未建立。农业部调查表明,基层农技推广能力较为薄弱。当前,乡镇农技综合服务中心是基层农技推广的主要力量,但由于人员经费短缺、社会和经济地位低、生存困难、人员外流、人员配置不合理、技术和手段落后、信息不灵等因素困扰,多数基层农技推广部门和单位基础设施简陋,推广手段落后,具备的知识和技能早已过时,农业技术推广出现断层,很难适应农业技术推广工作的新要求,无法满足农民对科技的需要。

另外,我国的农业科研、农业教育、农业技术推广各成体系,推广力量分散弱化,农业科技成果转化率低。农业科研单位在科技部门管理之下,工作方式基本可以归结为:立项、研究、试验、鉴定和申报成果。有的科研项目和科技成果甚至仅为发表论文和获得奖励,并无实用价值。由于立项难、耗资大、出成果概率小,很少有专家愿意研究农业生产一线中出现的疑难杂症。而这些疑难杂症几乎每年都有发生,还都造成了一定的经济损失。农业高等院校属于教育部门管理,学校花费了大量心血培养出来的专业农业技术推广人才,很多缺乏实际工作能力和兴趣,相当部分的学生改行从事其他工作,造成了人才浪费和教育资源浪费。农业技术推广机构处于弱势地位,现实中无法与科研教育等农业技术供给主体实施有效的沟通协调。由于我国的农业科研、农业教育和农业技术推广各成体系,三者难以有效地联系和合作,使得我国农业科技发明和成果难以迅速得到应用推广,农业科技成果转化率低。目前我国农业科技成果转化率不到40%,而发

---

❶ 张慧鹏:《大国小农:结构性矛盾与治理的困境——以农业生态环境治理为例》,载《中国农业大学学报(社会科学版)》2020年第1期。

达国家达到80%以上。这既造成资源浪费，又不利于提高科技进步对农业发展的贡献率。

第三节 两型农业的组织制约

一、农户家庭经营组织的小规模分散化

我国农业生产经营的组织形式主要是小规模分散化的家庭经营。这种组织形式一度极大地释放出农业生产力，提高农户的生活水平。但小规模分散化的农户家庭经营这种小农经济对机械化、科学技术的某种排斥，已经严重制约了我国农业生产的进一步发展[1]。下面从国际视野来看一看农地经营规模与一个国家人均 GNP 水平、农业劳动力人均增加值、每公顷谷物产量和工农业劳动生产力之间的关系与各国间的差距（见表6.4）。

农地经营规模可以从农业劳动者拥有的耕地面积和农业增加值两个指标来衡量。武汉大学经济发展研究中心主任郭熙保教授选取 17 个国家做了一个国际比较，这 17 个国家中高收入国家有 9 个，中高收入国家有 4 个，中低收入国家有 4 个。通过比较研究发现：

1. 从总体来衡量，农业劳动力平均占有耕地面积与人均 GNP 水平呈密切相关关系，即农业劳动力平均占有耕地面积越大的国家，其人均 GNP 水平越高；反之，人均 GNP 水平越低。高人均 GNP 的 9 个国家，平均每个农业劳动力占有的耕地面积是 42.5 公顷，中高人均 GNP 国家的是 5.8 公顷，中低人均 GNP 国家的只有 0.57 公顷。

2. 从总体来衡量，农业劳动力人均增加值与农业劳动力平均占有耕地面积呈密切相关关系，即农业劳动力平均占有耕地面积越大的国家，其农业劳动力人均增加值越高。高收入国家农业劳动力人均增加值是 38347 美元；中高收入国家农业劳动力人均增加值是 3607 美元；

---

[1] 王培先：《适度规模经营：我国农业现代化的微观基础——一个新的分析框架》，复旦大学 2003 年博士论文，第 2 页。

表 6.4　农业规模化指标的国际比较❶

国家	人均 GNP（PPP 美元）（2010 年）	人均可耕地面积（公顷）（2009 年）	农业劳动力人均耕地面积（公顷）（2007 年）	每公顷谷物产量（公斤）（2010 年）	农业劳均增加值（美元）（2010 年）	制造业劳均增加值（美元）（2008 年）	农业对制造业增加值的比重（%）（2008 年）
高收入组	**36293**	**0.52**	**42.5**	**5604**	**38347**	**79635**	**48.1**
美国	47310	0.53	62.5	6988	51370	110360	46.5
德国	38100	0.15	15.8	6716	32866	83594	39.3
加拿大	38370	1.34	130.4	3490	50579	84272	60.0
英国	35840	0.10	12.4	6957	25681	61333	41.9
澳大利亚	36910	2.15	99.7	1721	35208	88578	39.7
法国	34760	0.28	27.9	709.3	57973	78999	73.4
日本	34780	0.03	2.5	5852	40385	78629	51.4
意大利	31740	0.11	7.6	54.36	31254	71733	43.6
韩国	28830	0.03	1.1	6196	19807	59220	33.4

❶ 郭熙保：《加速推进农业规模化经营刻不容缓——在第五届湖湘三农论坛的学术报告》，http://www.zgxcfx.com/Article/51699.html.

续表

国家	人均 GNP（PPP 美元）（2010 年）	人均可耕地面积（公顷）（2009 年）	农业劳动力人均耕地面积（公顷）（2007 年）	每公顷谷物产量（公斤）（2010 年）	农业劳均增加值（美元）（2010 年）	制造业劳均增加值（美元）（2008 年）	农业对制造业增加值的比重（%）（2008 年）
中高收入组	13727	0.29	5.8	3734	3607	23254	15.5
波兰	19180	0.33	3.9	3220	2994	25372	11.8
墨西哥	14400	0.22	3.1	3499	3302	27588	12.0
巴西	11000	0.32	5.1	4055	4182	16247	25.7
南非	10330	0.29	11.2	4162	3951	23810	16.6
中低收入组	5620	0.14	0.57	3968	622	21654	2.9
中国	7600	0.09	0.4	5521	545	42933	1.3
泰国	8150	0.22	0.8	2939	706	18189	3.9
印度尼西亚	4190	0.10	0.5	4876	730	11343	6.4
印度	3340	0.13	0.6	7537	507	14152	3.6

数据来源：中华人民共和国国家统计局网站数据库、世界银行网站数据库、联合国国际劳工组织网站数据库。

中低收入国家农业劳动力人均增加值是 622 美元。高收入国家的农业劳动力人均增加值是中高收入国家的 10.63 倍，是中低收入国家的 62 倍。

3. 从总体来衡量，农业劳动力平均占有耕地面积与工农业劳动生产力之间的差距呈密切关系，即农业劳动力平均占有耕地面积越大，工农业劳动生产力之间的差距越小，反之，工农业劳动生产力之间的差距越大。高收入国家农业对制造业增加值的比重高达 48.1%；中高收入国家农业对制造业增加值的比重达 15.5%；中低收入国家农业对制造业增加值的比重只有 2.9%。

与其他国家相比，我国的人均可耕地面积只有 0.09 公顷，在列出的 17 个国家中只比日本和韩国多一点。但我国农业劳动力人均耕地面积在列出的 17 个国家中是最少的，只有 0.4 公顷。日本和韩国的人均可耕地面积虽然比我国小，但是其农业劳动力人均耕地面积比我国大，日本是 2.5 公顷，韩国是 1.1 公顷。再看有些国家人均可耕地面积与我国差不多，如英国、意大利、印度和德国，人均可耕地面积分别是 0.10 公顷、0.11 公顷、0.13 公顷和 0.15 公顷，但是这些国家农业劳动力人均耕地面积分别是 12.4 公顷、7.6 公顷、0.6 公顷和 15.8 公顷。由此可见，我国农业劳动力人均耕地面积的确非常小。

由于我国农业劳动力人均耕地面积小，与其他国家相比，我国的农业劳动力人均增加值只有 545 美元，与高收入国家的 38347 美元相差近 70 倍，与中高收入国家比相差近 6 倍，甚至比中低收入国家的平均值 622 美元还要低。另外，我国农业与制造业劳动生产力的差距是列出的 17 个国家中最大的，达到 77.77 倍，而高收入国家只有 1.07 倍，中高收入国家只有 5.45 倍，中低收入国家是 33.81 倍。这说明我国农业生产力与工业生产力的差距之大。可见，我国的农业劳动者经营的土地规模太小，是我国农民收入难以提高和农业难以实现现代化的症结所在❶。

---

❶ 郭熙保. 加速推进农业规模化经营刻不容缓——在第五届湖湘三农论坛的学术报告. http：//www.zgxcfx.com/Article/51699.html.

　　20 世纪 90 年代以来，我国的政策支持规模化经营。然而，由于种种原因，经过 40 年的市场化改革，"人均一亩三分地、户均不过十亩"的小规模家庭农业仍然大量存在，在数量上占绝对优势。根据第三次农业普查的数据，截至 2016 年年底，全国共有 2.3 亿户农户，户均经营规模 7.8 亩，经营耕地 10 亩以下的农户有 2.1 亿户[1]。"十二五"末期，农村规模经营趋势凸显，经营耕地 10 亩以下的农户数为 22931.7 万户，占总体的 85.7%[2]。我国农业劳动者经营的土地规模太小，农户要靠农业生产来维持生计并获得农业生产所需要的资金，必然选择对土地进行掠夺式使用，不可避免地会造成农业生态环境的破坏。另外，很多资源节约型、环境友好型技术的应用，如测土配方施肥、林粮间作、合理轮作等生态农业技术需要在大规模的土地上统一规划、统一行动，而一家一户的小规模经营很难实行。同时，小规模农业经营也不利于农业技术指导的开展，过度的分散导致农户在生产中不按技术标准操作的问题难以解决，不利于对环境友好型农业生产过程的监督、检验和管理。两型农业的先进技术只有在大面积土地上采用时，才能取得较高的效益。可见，土地规模小，我国农业承包地的细小化和碎片化制约了两型农业的发展。但在农地产权可以流转的情况下，土地经营规模偏小的问题会在一定程度上得到缓解。我国法律和政策已允许、鼓励农民依法、自愿、有偿地流转土地经营权。但有学者的调研表明，大多数农户宁愿让土地撂荒、长草，也不愿意放弃对土地的占有[3]。2011 年年底，全国土地承包经营权的流转只有 17.9%，在黑龙江有 30% 以上，只有上海、苏南地区能达到 80% 以上[4]。2015 年，全国农村家庭承包耕地流转总面积 44683.37 万

---

[1] 新华社、搜狐财经网. 全国 98% 以上的农业经营主体仍是小农户. http://www.sohu.com/a/298922562_267787.

[2] 罗玉辉：《"三权分置"下中国农村土地流转的现状、问题与对策研究》，载《兰州学刊》2019 年第 2 期。

[3] 向东梅：《促进农户采用环境友好技术的制度安排与选择分析》，载《重庆大学学报（社会科学版）》2011 年第 1 期。

[4] 张红宇. 现代农业发展与农业科技进步——在第五届湖湘三农论坛的学术报告. http://www.zgxcfx.com/Article/51699.html.

亩，占农民承包耕地总面积的 33.29%❶。可见，从总体来看，中国的土地流转量还是很小。

二、农业社会服务体系组织化程度低

如前所述，空心化、老龄化和农户家庭经营的零碎化在我国农村非常普遍。

经过改革开放四十余年的发展，我国农业社会化服务体系已初具规模。目前初步形成了公益性服务组织❷、营利性服务组织❸和非赢利性服务组织❹相互补充，农技推广部门、专业合作经济组织和龙头企业等多方参与的多元化发展格局。但我国农业社会化服务体系仍不健全，存在组织分工不明、定位不清，供需矛盾突出，市场监管力度不够等问题❺。尤其是基层公益性农技推广管理体制不顺、队伍素质不高、设施条件落后、服务能力不强的现状制约了两型农业技术的指导和培训。村级集体经济组织是公益性农业社会化服务体系建设的重要组织基础，但在当前我国农村地区，集体经济大多比较薄弱，村级债务问题十分突出，村级集体经济组织很难有效承担起为农业生产提供必要服务的职能❻。同时，公益性服务组织存在"部门化"弊端，在我国现有的公益性农业社会化服务体系中，机构林立、各自为政，国家财政支农资金由众多部门分散把持，无法统一调度。其后果是造成农业服务部门化、层级化的服务组织主体之间受部门利益驱动竞相进入利润高且缺乏有效监管的服务领域，难以进行有效的监管和规

---

❶ 罗玉辉：《"三权分置"下中国农村土地流转的现状、问题与对策研究》，载《兰州学刊》2019 年第 2 期。

❷ 由政府涉农部门和国家技术部门兴办的服务组织，主要有农技站、林业站、农机站等以良种供应、技术推广和科学管理为重点的、提供公益性服务的组织。脱胎于原人民公社生产大队的村集体经济组织也属于公益性服务组织。

❸ 以营利为目的、与农业生产者处于平等地位的公司性质的服务组织，它们一般以自身利益最大化为目标，为农民提供运输、加工、销售等方面的有偿服务。

❹ 农业生产者自发组织起来的各类专业合作社、专业协会和产销一体化的服务组织。

❺ 宋洪远：《新型农业社会化服务体系建设研究》，载《中国流通经济》2010 年第 6 期。

❻ 袁佩佳、涂圣伟：《村级集体经济组织与农业社会化服务体系建设——基于山东、陕西、山西三省 27 个村调查的分析》，载《兰州学刊》2009 年第 8 期。

范。营利性服务组织中供销、粮食、信用企业长期亏损，服务质量和效益较差，特别是基层供销社大多名存实亡，服务功能十分弱小。

21 世纪初，各类非营利组织，如农民专业合作社、农产品行业协会等快速发展。据不完全统计，2008 年全国的各类农民专业合作组织已达到 15 万多个，覆盖成员总数近 3480 多万户，占全国农户总数的 13.8%❶。到 2011 年年底，全国各种各样的专业合作社、种粮合作社、养猪合作社、运销合作社、加工合作社等已经达到了 53 万家，产业化的农业生产企业，全国有 28 万家❷。但有学者通过调研发现，绝大多数农户认为现有的很多合作组织不过是响应政府的号令，做个样子而已❸。我国至今尚未对农村合作社组织的法人地位做出明确法律规定，导致其开展的经济和社会活动缺乏法律保护，严重限制了合作经济组织的发展。虽然我国农民专业合作组织数量不断增加，但农业生产和农户的组织化程度仍然很低，还没有组建能够真正带动农户进入市场、提高农业和农民组织化程度、规范健康的合作组织。在生产资料购买、农产品生产和销售等各个环节，农户依然是分散的，缺乏统一的组织和安排。这不利于提高两型农户的市场竞争力。

第四节　两型农业的资金制约

一、两型农业的政府财政投入不足

农业是弱质产业，比较效益低下，投资巨大，市场存在供应不足的缺陷，这些"准公共产品"属性决定了政府必须介入农业领域进行财政支持。农业财政投入是指政府财政用于支持农业和农村发展的资金，它是农业和农村经济发展资金投入的一个非常重要的组成部分，

---

❶ 李亚彪. 中国农民专业合作组织达到 15 万多个. http：//news. xinhuanet. com/news - center/2008 -09/18/content_ 10075336. html1.

❷ 张红宇. 现代农业发展与农业科技进步——在第五届湖湘三农论坛的学术报告. http：//www. zgxcfx. com/Article/51699. html.

❸ 向东梅：《促进农户采用环境友好技术的制度安排与选择分析》，载《重庆大学学报（社会科学版）》2011 年第 1 期。

也称财政支农支出。农业财政投入在统计上包括农业基本建设支出、支援农村生产支出和农林水利气象部门的事业费、农业科技三项费用和农村救济费、对农业的补贴支出、其他农业财政支出等。我国政府农业财政投入主要包括中央财政支农支出和地方财政支农支出两部分。

1. 两型农业的政府财政投入力度偏低

改革开放以来，我国中央财政支农总额呈现较快增长态势，由1978 年的 150.7 亿元增加到 2012 年的 12286.6 亿元，增长了 80.5倍。2003 年党中央提出把"三农"问题作为全党工作的重中之重，从 2004 年开始我国中央财政用于"三农"的支出大幅度增加（见表6.5）。地方财政是我国农业财政投入的主要来源。

表 6.5　1978—2012 年国家财政用于农业的支出

年份	农业支出 （亿元）	农业支出占财政 支出的比重（%）	国家财政收入年 增长率（%）
1978	150.7	13.4	29.5
1985	153.6	7.7	22.0
1990	307.8	10.0	10.2
1995	574.9	8.3	19.6
2000	1231.5	7.8	17.0
2001	1456.7	7.7	22.3
2002	1580.8	7.2	15.4
2003	1754.5	7.1	14.9
2004	2337.6	8.2	21.4
2005	2450.3	7.2	20.1
2006	3173.0	7.9	24.4
2007	4318.3	8.7	30.3
2008	5955.5	9.5	19.5
2009	7253.1	9.5	11.7
2010	8183.4	17.5	21.3
2011	10419	18.4	25.0
2012	12286.6	19.1	12.8

数据来源：1978—2009 年的数据来自《中国农村统计年鉴 2010》；2010—2012 年的数据通过《中国统计年鉴 2012》有关数据计算获得。

  我国地方财政承担了大部分支农事权，且始终保持着高于中央财政支农支出的增长速度。1994—2008 年，中央农业财政投入占农业财政投入总额的比例平均为 10%，而地方财政农业投入比重约为90%❶。进入 21 世纪，虽然国家农业投入不断提高，但与我国农业的重要地位和发展要求相比，支持力度仍偏低❷。1978 年，国家财政对农业投入占国家财政总支出的比例在 10% 以上。1981—1999 年，这一比例平均为 8.69%；2000 年降至 7.8%；2003 年进一步下降至7.1%；2004 年有所回升，但仍比较低，为 8.2%；2005—2006 年进一步下降至 8% 以下；2007—2012 年，国家财政对农业投入占国家财政总支出的比例平均为 13.8%，创下了历史新高。另外，按照 2003年颁布的《中华人民共和国农业法》规定，"国家财政每年对农业总投入的增长幅度应当高于国家财政经常性收入的增长幅度"，在2003—2012 年，国家农业财政支出年均增幅为 23.2%（见表 6.6），高于国家财政收入年均 20.1% 的增幅（见表 6.7）。

表 6.6　2003—2012 年国家财政农业支出及其增长速度

年份	国家财政农业支出（亿元）	国家财政农业支出增长率（%）
2003	1754.5	11
2004	2337.6	33
2005	2450.3	4.8
2006	3173.0	29.5
2007	4318.3	36.1
2008	5955.5	37.9
2009	7253.1	21.8
2010	8183.4	12.8
2011	10419	29.3
2012	12286.6	17.9

数据来源：《中国农村统计年鉴 2010》和《中国统计年鉴 2012》。

---

❶　马智宇、周小平、卢艳霞：《我国财政支农存在的问题与对策》，载《经济纵横》2011 年第 4 期。

❷　刘汉屏、汪柱旺：《农业发展与财政支农政策选择——基于支农资金总量和结构的分析》，载《上海财经大学学报》2006 年第 1 期。

表6.7 2003—2012年国家财政收入及其增长速度

年份	国家财政收入（亿元）	国家财政收入增长率（％）
2003	21715.3	14.9
2004	26355.9	21.4
2005	31649.3	20.1
2006	39373.2	24.4
2007	51304.0	30.3
2008	61330.0	19.5
2009	68518.0	11.7
2010	83102.0	21.3
2011	103874.0	25.0
2012	117210.0	12.8

数据来源：《中国统计年鉴2012》。

与国外相比，我国的农业支持力度明显偏低。从国家财政对农业投入的比重来看，发展中国家财政对农业的投入一般保持在10％左右，印度、泰国财政对农业的投入占到财政总支出的15％以上，远远高于我国。从国家支农财政支出占农业总产值的比重来看，2008年，我国农业支持总额为4503亿元，仅占当年农业总产值的13.2％，而按照相同统计口径，美国、加拿大、英国、澳大利亚等国家政府农业财政支出占农业产值的25％以上，日本、以色列等国农业财政支出则相当于农业产值的45％~95％[1]。进入21世纪，我国财政支农资金增长较快，但财政支农的效率（等于农业GDP/农业财政支持总量）却呈下降趋势[2]。从微观上看，财政支农效率不高表现为农民来自第一产业的收入增长缓慢与保持高速增长的农业财政支持总量之间存在着巨大反差。

2. 农业科研和推广占农业财政投入比重低

我国财政支农支出结构分为支援农村生产支出、各部门事业费、

---

[1] 随新玉：《美欧（盟）财政支农政策比较与启示》，载《财政研究》2004年第5期。

[2] 连玉明：《中国数字报告》，中国时代经济出版社2004年版，第94页。

农业基本建设支出、农业科技三项费和农村救济五部分。其中，支援农村生产和各项事业费是财政支农的主体，1978—2008 年，上述费用在支农资金中占比最低为 1998 年的 54.2%，最高达 2008 年的 75.77%，且这一比例有上升趋势。但农业基本建设支出份额偏低且呈下降趋势，该比重在 1978—2008 年平均只有 25.29%，并由 1998 年的历史最高点 39.9% 逐渐降至 2008 年的 16.98%。农业科技三项费用所占的比重更低，其比重在 1978—2008 年平均只有 0.78%❶。

　　2008 年，我国用于各项农业事业费的比重上升，用于农业科研和推广应用的比重极低，农业科技三项费用占财政支农资金的比重一直没有超过 1%，大大低于全国科技三项费用占财政总支出的比重❷，同时，也大大低于一些发达国家的农业科技投入水平。1978—2008 年，我国农业财政投入总额中科技三项比重极低，年均 0.78%。这一水平远远不及发达国家 1999 年平均水平 2.37%，仅接近 20 世纪 80 年代 30 个最低收入国家平均水平 0.65%。而且，农业科研投资使用中还存在科研人员比重低、非科研人员费用支出比重过大的问题。此外，由于农业科研项目审核立项不严格、不科学，重复研究和投入浪费现象较为严重。国家财政中用于农业科研和推广应用的投资不足，我国两型农业生产受到技术约束。发达国家政府对农业科技投入约占农业总产值比重的 2%。与国际水平相比，我国农业科技投入仅占农业总产值的 0.3% ~0.4%。农业科研资金短缺导致我国农业科技水平低，科技进步在农业增长中的贡献率只有 30% ~40%，发达国家早已达到 70% ~80%。同时，农业科技投入不足无法为两型农业生产体系建设中土地规模经营提供良好的农业投资环境，也就很难提高农业投资者集中土地现代化、集约化生产经营的积极性，阻碍了两型农业经营方式的推广，致使两型农业发展的后劲不足。

---

❶ 刘继芳. 科研经费管理中存在的问题与对策思考. http：//www. caas. net. cn/jianshen/Z_ Show. asp？ArticleID =644，2008 - 03 - 24.

❷ 刘继芳. 科研经费管理中存在的问题与对策思考. http：//www. caas. net. cn/jianshen/Z_ Show. asp？ArticleID =644，2008 - 03 - 24.

二、农户贷款难制约两型农业的发展

当前，中国经济正处在转变增长方式、缩小城乡差距的关键阶段，农村金融在农村经济中发挥着核心作用，农村金融的成败一定程度上左右着农村经济的成效。经过 40 多年的改革与发展，我国已初步建立起以农村信用社（包括其改制后形成的农村商业银行和合作银行）为主体，农业银行和农业发展银行为重要组成部分，邮政储蓄银行及新型农村金融机构参与其中的多层次、多功能金融支农体系框架。

2000 年前后，随着中国银行、中国农业银行、中国工商银行、中国建设银行商业化的启动，大型商业银行陆续撤出乡镇地区，县域网点也不同程度撤并。因此，在金融服务最薄弱的县域以下农村地区，农村信用社独力支撑着农村金融局面。此后，农信社也启动商业化。农信社逐渐脱离了原有合作性金融的设计初衷，转向商业化金融机构，农村金融的发展陷入困境。为填补银行商业化带来的农村金融空白，2005年国家在农村金融领域放宽民间资本进入，此后逐渐涌现出村镇银行、小额贷款公司、农村资金互助社等一批新型农村金融机构。

长期以来，商业性金融机构县域以下网点的主要任务是吸收存款，放贷权限小，大量存款资金通过高效率银行体系，几乎毫无保留地转移至经济发达地区，这成为农村地区资金外流的主要通道。"一些国有商业银行从股改开始，它们就陆续把县域和农村的网点撤销了，所以现在中国县域尤其是农村金融服务非常薄弱，各类大银行及其分支也大多充当着'抽水机'的角色，只吸收存款而基本不放贷。"❶

为了鼓励县域法人金融机构将新增存款主要用于当地贷款，2010年央行会同银监会制定了《关于鼓励县域法人金融机构将新增存款一定比例用于当地贷款的考核办法（试行）》，以及财政部下发的《财政县域金融机构涉农贷款增量奖励资金管理办法》。这些措施对支持农村经济发展起到了非常重要的作用。但从总体情况来看，农村资金

---

❶ 张瑜．银监会统计称建设新型农村金融机构目标未实现．http：//www. zgjrw. com/News/2012313/home/512722178700. shtml.

外流现象并没有得到有效遏制。据统计，2010 年末，全国县域贷款余额 12.3 万亿元，在全国金融机构贷款余额中的占比为 25% 左右。占全国人口多数的农民人口用了不到全国 6% 的贷款，农民的存款自己能用的只占 46%，剩下 54% 流向城市❶。本就资金匮乏的农村地区，反而资金外流严重，导致农村地区信贷供给不足，使更多的农户转向民间借贷，承担更高的利息支出。

在金融服务最薄弱的县域以下农村地区，农信社高度垄断。新型农村金融机构的出现，打破了农村金融市场由农村信用社独家垄断的局面，农村金融初现多元化竞争迹象。随着农村信用社向商业化加速改革，农村合作金融出现真空，2007 年农村资金互助社的成立为农民专业合作社的发展提供了支撑。与此同时，2007 年人民银行主推的商业性小额贷款公司破土而出。2009 年中国银监会力推新型农村金融机构——村镇银行。截至 2011 年末，全国已组建新型农村金融机构 786 家，其中村镇银行 726 家，贷款公司 10 家，农村资金互助社 50 家❷。

新型农村金融机构创新探索多渠道农户贷款模式，逐渐形成了一套自己独特的贷款模式，如"公司 + 农户""农业合作社社员联保贷款""贷得乐"等各类无抵押贷款，推动了农村金融服务发展。但其运行状态欠佳，存在着许多问题。作为新兴的金融机构，村镇银行由于各种原因，缺乏活力，未达到预期效果。央行数据显示，2011 年末全国村镇银行人民币各项存款余额 1696 亿元，全年增加 944 亿元，全年存款增量占农村类金融机构存款增加额的比重为 5.7%❸。这说明村镇银行的吸储能力还不强。小额贷款公司因不能吸收存款存在发展持续性问题，同时，小贷公司和村镇银行还偏离政策设计者初衷，即集中在县域开展业务，进一步下沉到乡镇等农村地区缺乏动力。一

---

❶ 高尔豪：《可考虑放开涉农贷款利率上限》，载《上海金融报》2012 年 3 月 9 日。

❷ 银监会. 2011 年末已组建村镇银行 726 家. http：//finance. chinanews. com/fortune/2012/02－20/3683656. shtml.

❸ 张瑜. 银监会统计称建设新型农村金融机构目标未实现. http：//www. zgjrw. com/News/2012313/home/512722178700. shtml.

些资金互助社运作不规范，暗藏诸多风险。如 2012 年江苏省连云港、盐城等地连续出现了农民资金互助社关门跑路和资金挤兑事件❶，这会严重影响农民参与资金互助社的积极性。可见，这些新型的农村金融组织还很稚嫩，无力与农村信用社及大型商业银行抗争。另外，新型农村金融组织除了资金互助社，其余都是商业性机构，提供信贷服务收费较高，低收益的农业难以承受。

综上所述，农村金融仍然是我国金融体系中最薄弱的环节，农村金融供求失衡的局面依然存在。不少地区结构性和区域性"贷款难"问题仍然比较普遍。据中国银监会 2008 年《中国银行业农村金融服务分布图集》所知，城乡人均贷款水平差距仍然很大，县及县以下农村地区的人均贷款额在 7700 元左右，而城市的人均贷款额为 3.5 万元；农村地区金融市场竞争不充分，有 8901 个乡镇只有一家银行金融机构网点，零金融机构乡镇仍有 2868 个❷。国务院研究发展中心2009 年前后调查显示，中国农村金融需求旺盛，但只有 32% 的农户能获得正规渠道贷款，在有金融需求的农户中仍有 40% 以上不能获得正规信贷支持，同时农村中小企业贷款难的问题依然突出❸。

我国是世界上规模最大的小农经济农业大国，农户是农村经济发展的主体和经济行为的决策者，也是信贷资金现实和潜在的需求对象。由于农村金融仍然是我国金融体系中最薄弱的环节，农村资金大量外流，农户信贷供给严重不足。现阶段农民对资金的需求难以得到满足，依然面临明显的信贷约束，农民贷款难问题远没有得到解决。有学者认为，农民贷款难的问题表现为"贷不到款（缺少担保）"和"贷不起款（利率过高）"，而最终都归结到抵押担保问题上❹。

商业化信贷合约的建立，重在抵押，而中低收入的农户，天然缺少有效抵押物。2012 年农业部百乡万户陕西调研组在调查中发现，农

---

❶ 莫开伟：《警惕资金互助社重蹈农金会覆辙》，载《人民政协报》2013 年 1 月 15 日。

❷ 银监会更新《中国银行业农村金融服务分布图集》. http://finance. ce. cn/bank/scroll/200808/05/t20080805_ 13455632. shtml.

❸ 农村金融破与立. http://www. qdwater. gov. cn/yinhangcunkuanlilv/99074. html.

❹ 董晓林、吴昌景：《四大担保模式化解农民贷款难题》，载《农业经济问题》2008 年第 9 期。

村种养大户、农民专业合作社和龙头企业反映，虽然"一号文件"多次提到要提升农村金融服务水平，但相关的金融支持政策落实起来很难。可见，合作社、农业龙头企业和规模化种养大户普遍面临缺资金、贷款难问题，主要是因为农业贷款需要严格的信用担保，贷5万元以上需两人担保，10万元以上需五人担保。或者需要担保公司，担保费用和贷款利率都比较高，且贷款数额低、期限短❶。农户"贷款难"问题不仅在落后地区存在，农业生产相对发达地区由于农户经营规模及资金需求增大，"贷款难"程度相对更为严重❷。农户"贷款难"既是制约我国农业发展的主要瓶颈之一，也是制约我国两型农业建设的重要瓶颈。两型农业建设需要调整农村产业结构、统筹城乡协调发展、推进农业适度规模化、集约化经营，这些均离不开资金的支持，特别是前期需要农户有一定的资金投入来启动，在农户资本积累不足的情况下，则需要通过市场融通资金。而目前农户贷款依然困难重重，手续繁杂，条件苛刻，这无疑遏制了两型农业发展。

第五节　两型农业的制度制约

一、制度、正式制度和非正式制度

什么是制度？关于制度一词的经济学解释，人们往往追溯到康芒斯和凡勃伦。康芒斯认为制度是指约束个人行动的集体行动，而在集体行动中，最重要的是法律制度。凡勃伦把制度定义为"广泛存在的社会习惯""公认的生活方式"以及"经济结构"等。

坚持制度演化论的哈耶克认为制度是一种规则，这种规则由内部规则和外部规则构成。柯武刚、史漫飞也认为制度是人类相互交往的规则，他们也将制度分为内在制度和外在制度。

新制度经济学的代表诺思认为，制度是一种社会博弈规则，是人

---

❶ 张国凤：《吴忠农民的两盼一忧》，载《农民日报》2012年2月27日。

❷ 袁丽伟：《解决农民贷款难的问题的对策与思考》，载《齐齐哈尔大学学报（社会科学版）》2009年第5期。

们创造的用以限制人们相互交往的行为框架。他把博弈规则分为两大类：正式规则和非正式规则。他将宪法、产权制度和合同归类为正式规则，将规范和习俗归类为非正式规则。

可见，制度有丰富的内涵。上述经济学者虽然对制度的表述各不相同，甚至研究方法、角度和侧重点也各有差异，但对制度实质内涵的表达却大同小异，都认为制度是一种社会规则，通过这种社会规则可以界定人们的选择空间，约束人们的相互关系。同时将制度分为内在制度、外在制度或正式规则、非正式规则。内在制度和非正式规则相似，外在制度和正式规则相似。可见，制度可分为正式制度和非正式制度。各种成文的法律、法规、政策、规章、契约等政策法则属于正式制度。风俗文化习惯、价值道德规范、意识形态等行为规范属于非正式制度。

作为同属社会规则的两个方面，正式制度和非正式制度之间既相互联系又相互区别。二者区别在于强制性和自愿性的不同。非正式制度一般是经过人们长期互动选择演化而来的，违反时没有专门组织加以明确的量化惩罚，成员遵守制度是自愿而不是被迫的。正式制度是人们有意识的对社会行为确定的规范，具有一定强制性，且一旦确立就会形成制度刚性。二者存在密切的联系，正式制度是依据非正式制度设计出来的，或者是非正式制度演化而来的；正式制度促使旧的非正式制度向新的非正式制度演化。

两型农业生产体系建设不仅应当通过加强正式制度的安排和创新，以经济激励和法律规章约束调整农业生产和消费行为，进而实现资源节约和环境友好目标；而且更要强化以价值观等为载体的非正式制度的安排和建设，因为以意识形态等为核心的非正式制度的缺失才是造成人类今天资源浪费和环境污染的深层次原因。

二、两型农业发展的正式制度制约

由于农业的重要性和弱质性，几乎所有国家都制定了影响农业发展的法律法规体系和农业政策。纵观那些农业可持续发展比较成功的国家，如美国、德国、日本和古巴等，国家对可持续农业的扶持、规范和推广政策已经或正在以法律的形式确定下来，在已经建立可持续农业法律体系的国家中，对可持续农业法律制度的研究开始走向深入。当前我国要实现两型农业生产体系的和谐建设，就必须借鉴农业可持续发展比较成功国家的做法，逐步建立健全、完备的政策和法律规章作为保障。目前，在两型农业生产体系建设方面，我国现行的法规和政策在农业环境资源保护上存在着严重的缺位和错位。当前制约两型农业发展的制度缺位主要表现在：

1. 农村环境法律体系尚未建立

改革开放以来，我国环境法制快速发展。我国出台的有关农业污染防治和农村环境保护的法律共有 20 多部，国务院及各部委颁布并实施的相关行政法规和规章有数十部，然而专门制定关于农村环境污染防治的各类法律、法规和规章却"寥寥无几"。有学者认为，现有的规范性文件中几乎没有专门针对农村环境保护的，即使涉及农村环境保护的各类规定，也未充分考虑到在农村的具体适用情况；另外，涉及农村环境保护的具体行为规则大多出于效力不定的国务院文件或效力较低的部门规章❶。另外，外来物种入侵防治、畜禽养殖污染防治、土壤污染防治、面源污染防治、区域性农村污水排放标准、垃圾分类收集与无害化填埋标准、物种遗传资源保护等方面的立法基本属于空白区域。

2. 有机农业、生态农业、休闲农业发展方面法律体系不完善

国外对有机农业都有比较完善的法律法规，这为有关有机农产品的标准制定、产品的质量检验检测、质量认证、信息服务等纷繁复杂的工作建立了统一的法律规范。我国在有机农业发展方面虽然出台了有机农业生产标准和认证标准，但缺乏健全的有机农产品法律法规体系。由于缺乏健全的有机农产品法律法规，市场监管的手段不够完善，力度不够大，没有形成规范有序的市场体系。部分有机农产品存在质量隐患，有机认证的规范性亟待加强，有机认证的公信度有待提高。

---

❶ 李绍飞. 中国农村环境问题日益严重处罚不严成主因. http：//news.qq.com/a/20110530/000818.htm.

生态农业发展方面，目前规范我国生态农业发展的制度一方面出现在各级政府的红头文件、工作报告和会议文件中，另一方面见于《环境保护法》《农业法》《农产品质量安全法》《土地管理法》《基本农田保护条例》等法律法规之中。这些规定并不是专门针对生态农业发展的，只是涉及生态农业或与生态农业相关。这些规定在宏观上对发展生态农业没有统一的指导思想，在微观上没有具体可行的发展生态农业的可操作性实际措施。

休闲农业发展方面，由于缺乏统一的管理规范和标准，很多地方开展的农业旅游项目服务设施不健全、卫生不合格、安全有隐患、服务无标准、管理混乱无序，严重影响了休闲农业的健康持续发展。

3. 两型农业发展的市场激励政策体系不健全

两型农业发展的市场激励政策体系主要包括基于市场机制的有关农村和农业经济活动中污染者治理、受益者补偿政策与制度规定以及综合运用财税、投资、信贷、保险等方面的政策措施和制度安排。

农业生态补偿是一种运用财政、税费、市场等经济手段激励农民保护农业生态系统的服务功能，调节农业生态保护者、受益者和破坏者之间的利益关系，以实现农业生态环境保护外部效益内部化的一系列制度安排和政策措施。近年来，国家为了合理、科学地保护农业生态环境，开始实施农业生态补偿办法，出台了一系列有关农业生态补偿的政策和措施，如生态公益林补偿金政策、退耕还林政策、退耕还草政策等。经过多年的不懈努力，农业生态补偿工作已获得较为明显的环境效益和社会效益。但从总体来看，我国农业生态补偿工作仍处于起步阶段，还没有建立起一个比较全面、系统、完善的农业生态补偿政策体系：一是农业生态补偿法律不完善，在立法、执法和法律监督方面存在不同程度的缺陷；二是补偿标准缺乏灵活性和多样性，激励作用受限；三是农业生态补偿资金来源有限，国家财政负担较重；四是补偿方式单一，缺乏长效机制；五是地方政府实施农业生态补偿缺乏积极性。

在财政税收金融政策方面，考虑到生态农产品的公共物品属性，国外政府提供了强有力的财政税收金融支持。农业补贴在我国实施历史比较长，化肥农药补贴、供水价格补贴等政策的运用从短期看提高了农民的生产积极性，但从长期来看，由于扭曲了要素价格导致资源不合理使用，导致农户过量和不当使用化肥和农药，带来了生态破坏和环境污染。当前对生态农产品及土地资源节约、保护、节水灌溉等生态方面的建设没有针对性补贴，从而导致农民对于农业生态项目没有积极性，生态农业发展缓慢。

西方国家在 20 世纪 70 年代开始探索将税收用于可持续发展，并取得了明显成效。西方国家通过实施生态税，对保护土地资源，节约水资源，少使用或者根本不使用农药和化肥的农业活动实行免税或减税政策，对于使用农药、化肥等造成环境污染的农业活动征收重税。目前我国现行税法对生态农产品生产与消费的规定比较少，对生态农业发展的支持也比较少。

当前我国生态农业发展除了财税支持不足外，还缺乏金融支持。目前，我国农村金融服务机构业务范围过窄，农户和农村企业贷款抵押难、担保难、分散风险的机制不健全，土地承包权抵押存在很大难度，农民缺乏其他抵押品，没有专门的担保基金或机构为农户提供担保，从而无法充分满足生态农业发展的金融服务需求，不利于生态农业的发展。

在农业保险政策方面，尽管我国从 1982 年就开始有保险公司经营农业保险，但基本是在商业保险的框架内试验，除免征营业税外，政府没有任何经济上的支持和其他税收上的扶持，农业保险发展缓慢，甚至一度萎缩，其供给实际难以满足农业对保险的需求。

4. 现有农地流转制度不规范

1984 年中央"一号文件"鼓励土地逐步向种田能手集中，土地可以进行协商转包，土地流转迹象就显现出来了。2005 年农业部审议通过《农村土地经营权流转管理办法》允许、鼓励农民依法、自愿、有偿地流转土地经营权。2014 年中央明确提出用 5 年左右时间基本完成土地承包经营权确权登记工作。2016 年 7 月农业部出台《农村土地经营权流转交易市场运行规范（试行）》。在土地流转政策的引导下，土地确权工作已于 2018 年年底完成收尾，土地流转程度呈现逐年递

增的趋势。2010—2017 年土地流转占家庭承包面积的比例从 14.7%
提升到了 37%，平均年增长率为 2.79%❶。农村土地流转过程更加市
场化，流转形式更加多样化，流转价格更加合理，流转工作也更加规
范，但流转水平较低，有学者的调研表明，大多数农户宁愿让土地撂
荒、长草，也不愿意放弃对土地的占有❷。2010 年湖南土地撂荒面积
已超过 66.67 万公顷，占全省耕地面积的 17%。近五年来湖南的粮食
播种面积在不断地减小，2014 年粮食播种面积为 497.5 万公顷，2018
年减小到 474.7 万公顷，相比减小 22.8 万公顷❸。现阶段农村社会保
障机制不健全、土地流转缺少相应标准、土地流转中介组织欠缺、政
府对规模经营的支持资金不足、农业保险政策的不健全等制约了农村
土地流转的进展。

三、两型农业发展的非正式制度制约

生态环境问题产生的直接原因来自人类经济活动的负面效应，而
深层次原因在于过去指导人类经济活动的思想观念的误导，即非正式
制度安排的负面影响❹。两型农业生产体系建设是一项复杂的系统工
程，其建设不仅仅是一个农户、一个农场的经济活动，而是一个组织
化的系统过程。由于影响个人行为的主要因素是目标和价值观，是人
群秉持和传承的文化，人的文化意识决定和塑造了人的行为❺。由此
看来，如何整合社会各方面力量投身两型农业的建设首先需要共塑资
源节约和环境友好的价值观。

两型农业发展强调通过资源节约型技术和环境友好型技术创新，
强调通过农村产业结构调整和升级来实现可持续发展，实现人类与自

---

❶ 王洁、许光中：《乡村振兴中土地流转的现状与问题研究》，载《南方农机》2019
年第 14 期。

❷ 向东梅：《促进农户采用环境友好技术的制度安排与选择分析》，载《重庆大学学
报（社会科学版）》2011 年第 1 期。

❸ 陈旭等：《从农村"空心化"看湖南省农村土地撂荒》，载《农村经济与科技》
2019 年第 24 期。

❹ 任保平：《可持续发展：非正式制度安排视角的反思与阐释》，载《陕西师范大学
学报（哲学社会科学版）》2002 年第 2 期。

❺ 张保伟：《论生态文化与两型社会建设》，载《未来与发展》2010 年第 2 期。

然生态和谐发展的目标。但单纯依靠技术创新和产业结构调整无力从根源上解决人类发展与自然生态之间的矛盾和冲突。因为技术选择不是在孤立状态中进行的，受制于形成主导世界观的文化与社会制度。假如要让技术去修复地球，这种技术必须重新构建，而且必须按照根本上尊崇自然和人类社群的宽泛价值观来构建❶。

近年来，生态文明、科学发展观、两型社会等一系列理念的相继提出和倡导，国家环保总局掀起"环保风暴"行动以及国家环保机构不断发展壮大，这些都表明了我国政府越来越重视资源环境问题，也表明了政府治理环境、追求可持续发展的信心和决心。21世纪前十年我国用于环保的总投入应在4万亿元左右，但在2005年以后的近五年间，全国污染事件急剧增多，空气污染已到民众不能忍受的地步，食品安全事件层出不穷，江河湖海污染与地下水污染变本加厉。这其中的核心原因是全国上下的"GDP崇拜"，所谓"可持续发展""生态文明"还只是口号；另外一个重要原因是一些地方、企业在环保问题上手法翻新造假，以及一些地方政府唯GDP论的旧思维诱发的地方保护主义❷。地方政府的"GDP崇拜"说明了地方政府一直坚守的功利主义与实用主义经济伦理观致使经济增长与经济发展有意无意地建立在破坏生态环境的基础之上❸。

两型农业尽管能够改善生态环境，但从目前来看，两型农业经济效益一般不如常规集约化农业，导致两型农业生产者积极性不高。同时，由于生态农产品的认证与监管体系不健全，各个级别的生态农产品标准也不统一，导致消费者无从识别生态农产品与常规农产品，难以刺激生态农产品的有效需求。农业企业与农户作为社会的基本经济细胞，对农业生产的投资多注重眼前的经济利益，而对其产生的生态效益和社会效益则未加关注。因此，在没有政府优惠政策的鼓励和宣

---

❶ [美] 丹尼尔·A. 科尔曼：《生态政治：建设一个绿色社会》，梅俊杰译，上海世纪出版集团2006年版，第26-27页。

❷ 中国10年环保投入4万亿元无改观造假被指是祸根 . http：//www. zj. xinhua-net. com/finance/2013 - 03/08/c_ 114946370. htm.

❸ 李金昌：《资源经济新论》，重庆大学出版社1995年版，第116页。

传推广下，农户和涉农企业一般不愿意实行两型农业。调研发现，当前农户在生产中考虑对环境影响的只占16%；农户因不了解而拒绝选择两型农业的占44%；已经选择（或准备选择）两型农业发展模式的农户只有29%。

人类发展过程中出现的环境污染、生态破坏、资源不足以及全球气候变暖等问题，背后的另一根源在于人类欲望的不断膨胀。中国农业经历了近万年的发展，却从未出现过现代石化农业几百年之后就面临的巨大生态危机，究其根源，就是拥有"天人合一"中国古代农业生态观的维系。《吕氏春秋·审时》中说："夫稼，为之者人也，生之者地也，养之者天也。"中国古代敬爱天地的文化思想，衍生出多种多样的顺应自然、利用规律、保护自然的农业技艺。目前，由于缺乏一套由价值观、道德观以及伦理观等非正式制度构成的、制约人类行为、控制人类欲望的发自内心深处力量的约束，我们处于一个"刺激"需求，而不是根据环境许可"克制"欲望的时代。一直以来，我们理所当然地认为，生产当然是服务于消费，人类社会科技和制度的不断进步，不断发展生产，就是服务于更高水平的消费，但农业生产一旦脱离土地的实际情况，变成服从于消费的附庸，人们想消费多少，农业就要努力生产多少，那么等到土壤地力消耗殆尽、水资源抽取干净之后，就是绝路了。

第七章 我国两型农业生产体系建设政府引导机制的建构

在中央政府未提出两型农业生产体系战略之前，我国各地已开始有机精致农业、生态综合农业和都市休闲农业的探索和实践。自从中央政府 2008 年提出大力发展两型农业战略目标以来，全国各地纷纷开展两型农业的规划工作，许多地方着力抓好一批两型农业重点项目和示范项目建设来推进两型农业发展。两型农业生产体系建设是一项系统工程，系统理论原理表明，一个系统的运行和发展，必须有适宜的激励机制和运行机制作为支撑。鉴于此，为了更好地引导我国两型农业生产体系建设，政府引导急需构建机制。本章在两型农业生产体系建设政府引导的不足及其制约因素分析的基础上，结合国外政府引导的成功经验，提出我国两型农业生产体系建设政府引导机制构建的培育要素和支持系统，即两型农业理念培育机制、两型农业法律规范机制、两型农业市场激励机制、两型农业技术支撑机制和两型农业组织协同机制。

第一节 两型农业理念培育机制

当前人类经济社会发展的主要制约和障碍在于全球资源缺乏、环境污染严重、生态越发脆弱和全球气候变暖。为了摆脱发展困境，各国纷纷提出通过加强技术创新、优化产业结构等途径发展循环经济、绿色经济、低碳经济等来摆脱发展困境。但有学者[1]认为，技术创新

---

[1] 肖韶峰：《低碳经济发展：非正式制度安排视角的阐释》，载《中南民族大学学报（人文社会科学版）》2012 年第 1 期。

水平不足与产业结构不合理仅仅是导致当前困境的表征原因，人类欲望的不断膨胀以及与循环发展、绿色发展和低碳发展相适宜的非正式制度的缺失才是当前发展困境的深层次原因。

两型农业生产体系建设同样面临资源缺乏、环境污染严重、生态脆弱和全球气候变暖的制约，笔者认同上述观点并得到启发，认为当前两型农业生产体系建设不仅应当通过加强正式制度的安排和创新，以法律规范、经济激励和约束调整社会的消费和生产行为，从而实现经济与生态的和谐发展，促进两型农业发展目标的实现。同时我们更要强化以价值观为载体的非正式制度的安排。

一、政府公务员两型农业理念培育

20 世纪 90 年代我国中央政府提出可持续发展战略，进入 21 世纪，又提出科学发展观、生态文明、两型社会等重要价值观。特别是党的十八大报告"把生态文明建设放在突出地位，融入经济建设、政治建设、文化建设、社会建设各方面和全过程，努力建设美丽中国，实现中华民族永续发展"。党的十八大报告提出，必须树立尊重自然、顺应自然、保护自然的生态文明理念。

受功利主义与实用主义经济伦理观非理性的思想影响，一些地方政府官员认为单纯的经济增长就等于社会发展，只要经济发展了，就有足够的物质手段来解决各种社会问题。追求物质财富成为社会发展的唯一目标，环境保护一直让位于经济发展。只要经济能上去，其他都是次要的。甚至许多官员认为工业文明的进程必然要伴随环境污染。除了受功利主义与实用主义经济伦理观非理性的思想影响，传统地认为资源无价值的观念引发了资源环境的过度开发、严重破坏、无效或低效利用等问题。

非正式制度安排对于控制和改变人的思维范式，以及确立和调整人与自然的关系具有长远影响。当前政府公务员两型农业理念引导机制的建构首先要求在两型农业发展过程中进行相关非正式制度安排的创新：

1. 生态伦理观的创新

传统生态伦理观以功利主义和实用主义为基础，造成了人类经济生活和自然界的冲突。在两型农业生产体系建设中进行资源节约环境保护以实现农业的可持续发展，就必须进行生态伦理观的创新。中国传统文化中的儒释道思想体系包含着"天人合一"的价值取向、尊重生命的"仁爱"思想和"道法自然"的生态智慧，体现了思维系统性、整体性特点，包含了人与自然和谐的思想，可为现代生态伦理观提供一种价值取向——人与自然的和谐、协调与一致。因此，两型农业生产体系建设中生态伦理观的创新，要以中国历史文化传统为出发点，把儒释道的生态伦理与现代伦理相整合，在继承其合理性的基础上，结合现代性进行创新。

2. 资源观的创新

传统的资源观存在两个方面的偏颇之处：一是认为自然资源无价；二是认为自然资源的无限性。这两种极端的思想倾向对自然资源的浪费性使用和掠夺式开发产生了导向作用。因此，在两型农业生产体系建设中进行资源节约环境保护以实现农业的可持续发展，就必须进行资源观的创新。资源观的创新主要是树立自然资源的有限性观念和自然资源有价值的观点，同时，确立自然资源是社会经济发展基础和前提的观点。

3. 发展观的创新

在两型农业生产体系建设过程中应用科学发展观创新传统发展观。科学发展观创新的重点主要在于：一是从整体性来考虑发展，即在发展中考虑人类的整体利益，而且考虑人类的长期发展和长期利益；二是从综合性来考虑发展，即突破传统发展观中用单一 GDP 衡量发展的观念，用多维指标衡量经济发展的结果。

"正规规则可以在一夜之间被政治组织所改变，而非正规制度的变化则很慢。"❶ 非正式制度的构建与形成需要依靠人们内心的理念和

---

❶ ［美］詹姆斯·A. 道等：《发展经济学的革命》，黄祖辉、蒋文华译，上海三联书店 2000 年版，第 109 页。

认识逐步转变，有时需要数代人的共同努力和逐步积累，才能转变，才能实现。非正式制度的构建与形成需要正式制度的安排，当前政府公务员两型农业生产体系建设中生态伦理观、资源观和发展观的创新可通过健全考核机制的正式制度安排来逐步形成。即建立以绿色 GDP 为核心的地方政府考核和监督机制。

二、农户和农业企业两型农业理念培育

农户和农业企业是两型农业建设的微观主体，他们是否愿意采用资源节约、环境友好的农业技术关系着两型农业生产体系建设的成败。我国农民受经济、文化基础、社会环境、政治等因素的影响，农民对环境问题的严重性有一定的认识，但环境意识总体程度不高[1]。同时，城乡因素也决定了农民在日常生活中较少接触更具城市生活倾向的环境保护宣传内容，在环境保护宣教方面，我们还缺少适合农村生活的宣教主题、宣教内容和宣教渠道[2]。

加强农村环境教育，提高农民和农业企业资源节约、环境友好意识和发展两型农业能力，使农户和农业企业充分认识到，两型农业生产不仅关系着当前及今后的农业生产，也关系着人们今后的生存环境，从而使他们树立两型农业生产理念，有意识、自愿主动地采纳两型农业生产方式。这需要加大对农民两型意识的宣传培训，使他们逐渐养成节约资源和保护环境的自觉性，同时，拥有发展两型农业的知识和技能。

除了向农户和农业企业进行两型农业宣教外，还应通过建立示范区，使农户和农业企业直接看到两型农业生产体系对提高生产和改善生活水平的潜力，也看到现代农业技术的活力。同时应向农户和农业企业讲解有关两型农业的各项政策和法律法规，让农户和农业企业了解国家对发展两型农业的信心和扶持力度。

---

[1] 刘德宏：《农民环保意识与村庄环境整治——农村生活垃圾处置视角的分析》，载《福州党校学报》2009 年第 3 期。

[2] 中国环境意识项目办：《2007 年全国公众环境意识调查报告》，载《世界环境》2008 年第 2 期。

三、社区居民和消费者两型农业理念培育

从人类社会告别物质匮乏时代步入"富裕"消费时代以来，为解决有效需求不足这一发展困境，世界各国普遍推行鼓励消费、刺激需求的发展战略，这进一步加剧了发展危机。消费社会所追求的"大量生产—大量消费—大量废弃"的现代生产生活方式导致了全球性的生态危机❶。拉尔夫在《我们的家园——地球》一书中指出，消费问题是环境危机问题的核心。1999 年联合国开发计划署在《人类发展报告》中提出"为了明天人类的发展，改变今天的消费模式"。

生态文明以人与自然的和谐发展为基础，是对人类既有文明的超越，也是迄今为止人类文明的最高形式。它在生产领域坚持循环、可持续发展的生态主义经济伦理观，在消费领域坚持适度、节俭的绿色消费伦理观。

20 世纪 80 年代，英国首先掀起了"绿色消费者运动"。从 1997年开始，国际消费者联合会连续开展了以"可持续发展和绿色消费"为主题的活动。党的十六大以来，中国政府反复倡导绿色消费，提出一系列有关绿色消费的新思想、新观点和新论断。进入 21 世纪，我国国民的绿色消费意识虽有所增强，但与发达国家相比，还有待进一步提高。

建设资源节约型、环境友好型农业生产体系包含多方面的内容，转变农业生产方式和消费方式是十分重要的一环。由于在市场经济条件下，消费是生产的动力和目的，消费取向和消费行为对生产方式有着决定性影响，因此，两型农业生产体系建设离不开城乡居民关于农产品、各种食品的合理消费习惯和消费方式。可见，要建设资源节约型、环境友好型农业生产体系就必须改变当前不合理的消费模式，倡导节俭和科学适度的绿色消费观，引导全社会树立节约、绿色、低碳、文明的消费理念。

---

❶ 卢风：《应用伦理学——现代生活方式的哲学反思》，中央编译出版社 2004 年版，第 170 页。

首先要启动政府绿色采购。目前，世界各国的政府绿色采购在其国内生产总值（GDP）中所占比例不断增大。许多国家有政府绿色采购方面的法律法规。建议我国政府适时修订《政府采购法》，将绿色采购纳入其中；从长远来说，应制定专门的《政府绿色采购法》。

其次是借助不同载体加强绿色消费教育。这些载体包括家庭、单位、社区、学校等，通过加强绿色家庭、绿色单位、绿色社区、绿色学校等的创建力度，进一步普及社区和消费者的绿色消费意识。

再次是政府应制定促进绿色消费的政策。在绿色消费观形成之初，有关政策的制定会强化绿色消费观的树立。一是通过建立认证农产品区域品牌，提升认证农产品的可识别度，降低消费者购买认证农产品的感知风险，从而扩大消费者对认证农产品的市场需求；二是通过制定绿色消费激励政策，诱导消费者树立绿色消费观并进行绿色消费。如日本大阪，市民交够一定数量的牛奶盒即可免费获得一定金额的图书。

最后是完善绿色消费立法。与发达国家相比，我国绿色消费法律的建设相对滞后。完善绿色消费立法对培育绿色消费模式尤为重要，发达国家制定了完善的绿色消费法律法规。建议我国政府先制定绿色消费方面的单项法规，如绿色采购法、废旧家电和废旧汽车回收法等，然后在条件成熟时制定《绿色消费法》。

第二节　两型农业法律规范机制

两型农业的核心价值在于构建农业生产的资源节约以及农业生产与自然环境之间的和谐共处，实现农业与其他产业之间的全面协调可持续发展。建设两型农业不仅需要提高农业科技水平，更需要给农业生产以制度和法律保障。这也是国外关涉两型农业生产体系建设的通行做法。

一、完善农村资源和环境保护的法律规范

近些年来，国家在农村资源和环境保护方面做出了巨大努力，也

取得了卓越成绩，构建出相对完善、健全的农村资源和环境保护法律框架。从宪法到环境法律，从行政法规到部门规章都有涉及农村资源和环境保护的法律规范。《宪法》第 26 条第 1 款规定，"国家保护和改善生活环境和生态环境，防治污染和其他公害"。这里的生活环境和生态环境当然也包括农业环境和农村环境。

虽然目前我国还没有制定农村资源和环境保护的专门性法律文件，但是，在我国立法体系中却有一系列与农村资源和环境保护相关的法律、行政法规、部委规章和地方性法规。在资源和环境法律方面，我国已制定和实施了《环境保护法》《农业法》《草原法》《渔业法》《畜牧法》《森林法》《气象法》《固体废物污染环境防治法》《农产品质量安全法》《土地管理法》《水土保持法》《野生动物保护法》《防沙治沙法》《水法》《防洪法》《土壤污染防治法》等；近年来国务院颁布了一系列行政法规和部门规章，如《农药管理条例》《基本农田保护条例》《畜禽养殖污染防治管理办法》《农产品产地安全管理办法》《突发重大动物疫情应急条例》《退耕还林条例》《草原防火条例》《森林防火条例》《森林病虫害防治条例》《河道管理条例》等。另外，我国许多地方政府也出台了一些地方性法规和规章，如《山东省农业环境保护条例》《安徽省农业生态环境保护条例》《湖北省农业生态环境保护条例》等，云南省出台了《滇池保护条例》，四川省出台了《四川省农药管理条例》等。

除了法律、行政法规、部委规章和地方性法规，近年来还出台了一系列规范性文件，如《全国生态环境保护纲要》《中共中央国务院关于推进社会主义新农村建设的若干意见》《国务院关于落实科学发展观加强环境保护的决定》《关于加强农村环境保护工作的意见》《关于实行"以奖促治"加快解决突出的农村环境问题实施方案》等。

我国资源环境法制建设初期，农村环境问题与工业环境问题、城市环境问题相比尚不严重，加之环境立法过程中存在部门利益冲突、立法条件不足等各种制约因素，最终导致我国长时期内忽视了对农村资源环境保护法律体系的建设。近年来，包括《环境保护法》《农业法》等在内的一些法律法规设计加强了农村资源环境保护条款，但这些条款大部分规定很抽象，无具体的法律执行机制与配套措施，操作性较差。北京大学环境法学教授汪劲认为，我国现行的环境法律制度没有大错也无大用，找不到相关的规定来追究具体责任。行政处罚措施不严厉，环境刑法条例很少适用❶。另外，外来物种入侵防治、土壤污染防治、畜禽养殖污染防治、物种遗传资源保护、面源污染防治、区域性农村污水排放标准和垃圾分类收集与无害化填埋标准等方面的立法基本还属于空白区域。

为了实现农业生产的资源节约以及农业生产与自然环境之间的和谐共处，实现农业与其他产业之间的全面协调可持续发展，建议完善我国农村资源环境保护法制。具体来说，农村资源环境保护法制建设的基础政策构建包括三部分：

一是对现有国家有关农村环境保护与污染治理的法律法规进行修订，并在相关立法中增设农村资源环境保护的相关内容。如修改《环境影响评价法》，规定县级人民政府的乡村规划也要进行环境影响评价；修改《清洁生产法》，加大对农业及乡镇企业清洁生产的扶持力度；修改有关行政组织法，明确乡镇政府的环境保护职责等。对《环境保护法》《农业法》等相关立法进行全面修订，可以实现新制度与旧制度的有效衔接与协调，有利于节约立法资源，保证立法体系建构的科学性与协调性，减少不必要的立法重复和可能出现的立法冲突。

二是结合农村环境污染特征和生态建设要求，建立和补充现有国家法律中缺失的相关法规、条例。首先要制定一部切合中国实际、内容科学详细的《生态农业法》，以此作为我国发展生态农业的基本依据。其次要制定《畜禽养殖污染防治法》《面源污染防治法》《物种遗传资源保护法》《外来物种入侵防治法》《农药经营使用管理规定》《生态补偿条例》等法律法规。

三是制定和完善农村生态环境保护的环境标准，如《生态农业发展的技术和认证标准》《食品安全检测标准》《食品市场准入标准》

---

❶ 李绍飞. 中国农村环境问题日益严重处罚不严成主因 . http：//news. qq. com/a/20110530/000818. htm.

《农村工业废水、废气及固体废弃物排放标准》《规模化畜禽养殖场的建设标准》《农村饮用水源地水质标准》《无公害农产品质量认定标准》《转基因生物环境风险评估标准》《垃圾分类收集与无害化填埋标准》《农村生态环境质量评价技术规范》《规划环境影响评价技术导则——农业》《清洁生产审核指南——畜牧业》等。

二、完善两型农业发展的土地法律规范

农地资源既是从事农业生产必不可少的物质基础，也是经济发展必要的土地要素投入的主要来源。要真正落实对农地，尤其是耕地的保护，就必须修订《土地管理法》，进一步制定农地分区管制规则，规定不同用途区内土地的主导用途和允许用途；设计科学合理的农地转用制度，包括转用条件和程序。同时，要出台配套实施《土壤污染防治法》的政策法规❶。我国污染土壤修复工作起步较晚，虽然国家层面出台了相关法律法规，但相关的法律条款和条文均以原则性、概括性为主，缺乏可操作性。目前，国内还没有关于土壤污染修复和赔偿的专门性法律法规，对企业的约束力不够，对责任者的震慑也不强。2017 年 6 月 27 日《土壤污染防治法（草案）》交由十二届全国人大常委会初步审议，之后开始公开征求意见。2018 年 8 月31 日，十三届全国人大常委会第五次会议全票通过了《土壤污染防治法》，自 2019 年 1 月 1 日起施行。《土壤污染防治法》虽已颁布实施，但配套的政策法规还未出台。为贯彻落实《土壤污染防治法》，当前亟须制定《污染责任与损害赔偿法》。除此之外，应协调衔接《大气污染防治法》《固体废物污染环境防治法》《水污染防治法》等相关法律，还应及时修订完善《农业法》《土地管理法》《基本农田保护条例》《农药安全使用标准》《农用污泥中污染物控制标准》《土壤环境质量标准》等相关法律、法规、标准中关于耕地土壤保护与污染防治内容，构建农业清洁生产制度，才能真正实

---

❶ 肖建华、袁野：《长株潭重金属污染耕地修复治理：探索、困境与突破》，载《江西社会科学》2019 年第 7 期。

现耕地土壤污染防治的系统化。

最后，在稳定家庭承包经营权的基础上，进一步完善有关农村土地承包经营权流转方式的立法，努力突破现行法律、法规和政策对农村土地承包经营权流转方式的有关规定。主要在农村土地承包经营权流转抵押的区别限制、转让方式需经发包方事先同意的条件限制、取消转包的流转方式等方面进行法律突破和创新。2011 年 12 月海南省四届人大常委会通过《海南经济特区农民专业合作社条例》，条例规定，农民可以用其家庭承包的土地经营权作价入股合作社❶。2014 年中央"一号文件"提出："可以确权确地，也可以确权确股不确地。"在土地确权实践中，不同地区出现了一些自下而上的探索，使土地确权能更好地推动土地流转。安徽省南部阳春市自下而上探索出的"虚拟确权"实践，使集体土地所有权得到了激活，同时保护小农户的利益❷。上述实践案例为农村土地承包经营权流转提供了借鉴和启示。

第三节　两型农业市场激励机制

资源节约型、环境友好型农业能否有效推广和实施，取决于国家有关两型农业发展的政策法律以及参与主体的态度和行为。农户、农业企业是两型农业能否有效实施的关键主体之一。围绕发展两型农业构建一系列相互配套、切实有效的法律法规和政策体系形成有效，激励机制，引导两型农业健康发展，改变农户和农业企业的农业生产经营行为。农户和农业企业，作为有限理性的经济主体，其行为态度主要取决于发展两型农业所带来的收益与为此付出成本的比较。因此，在两型农业激励机制方面要凸显市场机制的推动作用。即通过制定发展两型农业的价格、财税、信贷等政策，运用经济杠杆调节参与主体的行为。

---

❶ 海南新规：农民可用土地经营权作价入股合作社．http：//news. xinhuanet. com/local/2011 - 12/01/c_ 11209285. htm.

❷ 陈义媛：《组织化的土地流转：虚拟确权与农村土地集体所有权的激活》，载《南京农业大学学报（社会科学版）》2020 年第 1 期。

一、财政支农和补贴的两型激励

当前，我国已经进入工业"反哺"农业，城市带动乡村的发展阶段，应该通过完善国家财政支农制度，确保中央财政支农资金的增长速度不低于经常性财政支出增长速度。为此，未来需要加强中央层面的财政支农工作立法，对资金规模、来源、投入结构等做出详尽规定，从而使中央财政支农政策长效化、规范化，实现财政支农的可持续性。众所周知，我国财政支农资金的主体在地方政府，但是以产值、速度为目标的地方政府政绩考核制度具有鼓励地方政府将财政资金投向非农生产领域的偏好。由此看来，只有从根本上改变传统地方政府政绩考核制度，突出农业发展、农民收入增加和城乡差距缩小的考核目标才能激发地方政府增加财政支农资金。同时，为了解决政府财政支农资金不足，政府可以在农业投资中释放充分的市场信号，加强引导，营造农业投资的盈利环境，积极探索以市场机制为基础的新的农业投融资机制，鼓励和吸引民间及国外资本进入农业投资领域。针对我国财政支农投入结构存在的问题，学术界认为可采取以下措施优化投入结构❶：一是精简管理机构，压缩事业费支出，使支农资金更多用于农业发展的实际需求。二是压缩流通领域补贴，加强农业基础投资。三是在未来的财政支农资金使用中，应更多地向农业科研投资倾斜。

二、农业生态补偿和生态税的两型激励

我国开展了退耕还林还草、保护性耕作等补偿试点示范，取得了一定成效，但对于农民采取减少施用农药、化肥以及节水灌溉等资源节约型和环境友好型生产措施方面的补偿政策体系并没有建立。建立健全农业生态补偿制度，是德国、美国等发达国家的普遍做法，符合世界贸易组织农业协议绿箱政策。当前建立健全我国农业生态补偿政

---

❶ 马智宇、周小平、卢艳霞：《我国财政支农存在的问题与对策》，载《经济纵横》2011 年第 4 期。

策体系可以从以下方面着手：一是完善农业生态补偿的法律法规体系，对各利益相关者权利义务责任的界定，对补偿内容、方式和标准的规定加以明确。二是完善与健全生态补偿组织体系，今后要在国家财政转移支付项目中增加对农业生态环境保护和建设的补偿。制定分类指导政策，加大对重要农业生态建设领域的补贴力度。同时，充分利用市场机制来推动生态补偿政策的实施进程，调动地方政府和公众参与农业生态补偿的积极性。三是坚持以项目（政府）补贴为主导，以农民自愿为前提，以农民专业合作社、骨干农户为主要补偿对象，以技物结合为主要补偿形式的补偿策略。四是建立农田地力生态补偿机制、中国特色草原生态补偿机制、定期休渔禁渔生态补偿机制和农产品质量安全补偿机制，同时建立农业面源污染全程监管防控体系。

根据国际发展经验和一般预测，生态补偿费和环境资源费最终走向生态环境税。严重破坏生态环境的生产生活方式，利用税收手段予以限制，一是对高污染高能耗产品的生产销售征税，对于使用农药、化肥等造成环境污染的农业活动征收重税；二是对生态屏障区设置区域差异税收体制，以补偿其生态保护与建设；三是对资源节约环境友好、有利于生态环境恢复的生产生活方式给予税收优惠，如对保护土地资源、节约水资源、少使用或者根本不使用农药和化肥的农业活动实行免税或减税政策等。

2018 年 1 月 1 日起《环境保护税法》在我国正式施行，依照该法规定征收环境保护税，不再征收排污费。环保税法实施以来，在正向引导和反向倒逼作用下，促使企业节能减排、转型升级。为了做好环保税税源管理，提高征管质效，除纳税人自觉申报外，部门协作、信息共享是关键。各级税务机关应深化与财政、住建、生态环境、农业农村等相关部门的配合，完善多部门协作机制，探索固体废物综合利用、污水和生活垃圾集中处理、建筑施工扬尘等领域的环保税征管措施。为实现涉税信息互联互通、共享共用，更好地发挥绿色税收的杠杆作用，税务部门应搭建起高效的"环保税协作共治平台"，打通"税务向环保提请、环保向税务反馈"两个关键通道，不断完善网络监管新格局。各级税务和生态环境部门应通力合作，有效实现污染源自动监测信息、监督性监测信息、排污许可信息、行政处罚信息的交换，特别是应税污染物种类、污染物排放量和排放浓度值等关键涉税信息的传递，保障数据交换的及时、准确和完整，为环保税申报数据比对、分析及后续各项管理工作提供信息支撑。

三、两型农业的金融激励

农村金融一直是我国金融体系中的薄弱环节，在大多数农村地区，农民普遍面临融资难问题。农民融资难影响两型农业生产体系建设中农村基础设施的改善、农业经营规模的扩大以及农业产业链的延长。要发挥农村金融对两型农业的激励作用，当前亟须化解农户融资难题。

1. 完善农村金融服务体系

经过 40 多年的改革与发展，我国初步建立起以农村信用社（包括其改制后形成的农村商业银行和合作银行）为主体、农业银行和农业发展银行为重要组成部分，邮政储蓄银行及新型农村金融机构参与其中的多层次、多功能金融支农体系框架。目前，农村信用社已成为我国大多数县级以下地区唯一一家为农民提供贷款服务的正规金融服务机构。但长期以来，我国农村信用社尚未找准自己的市场定位，其合作金融的"自愿、互助、互利、民主和低盈利性"的资金和金融服务性质体现不多，官办的并带有行政色彩性质更为明显。同时，农村信用社组织形式单一、融资能力差的弱点也非常明显。这些导致了农村信用社目前提供的金融服务难以满足广大农户的需求，农户特别是低收入农户很难从信用社贷到款。

从国际成熟经验看，在任何发达国家和地区，合作金融和政策性金融是解决农村地区相对弱势信贷需求主体的主流方式，甚至占据农村金融市场 40% 左右的市场份额。目前我国农村金融组织发展过度倚重商业性金融，忽视合作性金融和政策性金融的培育。因此，要解决农村金融问题，需从全局出发，重新考虑发展思路，明确权责，构建商业性、政策性、合作性金融并存的普惠型农村金融组织体系，建立一整套有别于城市金融的差异化监管制度。首先，国家要出台相应的政策措施，鼓励政策性银行、商业银行在农村开设经营网点，国家给予相应的政策配套支持，给予财政、税收等优惠措施，并建立相应的风险补偿机制，调动其支农、补农的积极性。例如，政府部门可以向为农户发放支农贷款的银行在上缴营业税方面给予一定优惠或减免措施，以弥补银行过高的支农成本。同时对支农资金给予财政贴息，从而引导资金流入农村和农业。令人欣慰的是，2013 年中央"一号文件"提出，鼓励和引导城市工商资本到农村发展适合企业化经营的种养业❶。其次，明确和调整农村信用社合作制的功能和性质，政府采取措施调动农民加入农村信用社的积极性，吸引民间资金入股，壮大资金实力，强化管理，使其成为真正意义上的农民银行。

2. 化解农户贷款担保难题

有学者认为，农民贷款难的问题除了表现为"贷不到款（缺少担保）"之外，还出现了"贷不起款（利率过高）"的现象，而"贷不到款"和"贷不起款"最终都归结到抵押担保问题上❷。我国现行《担保法》明确规定担保的方式有保证、抵押、质押、留置和定金五种，而对农民融资具有实际意义的是前三种，但实施起来却困难重重❸。现行的《担保法》《农村土地承包法》《物权法》等法律法规均禁止农民以农房、农地经营权、农作物和林木抵押融资。缺乏"合规"的抵押物品是造成农民融资难的根本原因。因此，要化解农民融资难题，首先，必须对现行的《担保法》《农村土地承包法》《物权法》等法律法规进行修改和完善，允许农民用农房、农地经营权以及农作物或林木抵押贷款，以消除法律障碍。同时，大力发展涉农资产评估机构，积极培育涉农资产流转市场❹。其次，创新农户贷款担保机制。针对农民在贷款中遇到"贷不到款"和"贷不起款"的困境，我国部分地区开始借鉴国际经验，通过由政府组建政策性的农村信用

---

❶ 中央一号文件鼓励城市工商资本下乡发展种养业. http：//finance. sina. com. cn/china/20130215/10421455 - 6090. shtml.

❷ 董晓林、吴昌景：《四大担保模式化解农民贷款难题》，载《农业经济问题》2008年第 9 期。

❸ 胡延松：《破解我国农民融资困难的政策途径》，载《调研世界》2010 年第 6 期。

❹ 田野：《农民融资抵押制度创新问题研究》，载《农村经济》2010 年第 3 期。

担保机构、成立以龙头企业为主体的农业信贷担保公司、以农民合作经济组织作为金融联结中介以及加快发展农业保险，分散农村信贷风险的模式来构建农村担保体系，从而有效化解农民贷款难问题❶。这些成功的案例和做法值得进一步推广。

第四节　两型农业技术支撑机制

随着工业化、城镇化深入发展，我国农业发展面临资源环境的双重约束。解决我国农业资源环境双重约束的根本出路在于提升农业科技创新能力，合理开发与高效利用农业资源，最终走向科技含量高，经济效益好，资源消耗低的资源节约型、环境友好型农业发展之路。但资源节约型、环境友好型农业技术的发展受现有农业技术科研、推广及应用机制发展状况的约束。可见，两型农业技术支撑机制的建立离不开两型农业科研教育支持和两型农业技术培训推广。

一、两型农业的科研教育支持

针对两型农业技术发展所面临的研发资金严重不足、人才短缺问题，应完善农业技术科研机构的运行体制，创造多渠道融资环境。首先应加大政府对两型农业技术的投资力度和政策扶持力度。近年来，虽然国家对农业科技投入总量逐年增长，但与整个 GDP 增长幅度、整个科技投入力度相比仍仍偏低，与两型农业对技术的需求不相适应。因此，需要建立稳定的农业科技投入机制以保障两型农业技术的需求。可采取以下措施：一是加快农业科技投入立法进程，明确规定农业科技投入在科技投入、"三农"投入中的比重。二是将农业科技投入指标纳入各级政府"三农"工作考核中，作为衡量各地科技发展水平的一项硬指标。三是增加农科教结合专项扶持资金并且专款专用。四是加大对社会、企业开展农业科技创新扶持力度，鼓励和引导社会

---

❶ 董晓林、吴昌景：《四大担保模式化解农民贷款难题》，载《农业经济问题》2008年第 9 期。

资本、企业增加农业科技投入。

其次应完善农业技术科研人员激励机制和实行产学研的结合。具体可采取以下措施：一是完善知识产权保护立法和科研人员科研成果认证机制，培育和发展农业技术中介和交易市场。同时改革人事制度，提高农村科技人员的工资待遇。二是实行农业企业与科研院所、高等院校产学研的结合，突出产学研结合，推动农业科研创新。可以让农村科研人员走上讲坛或者有机会到农业生产第一线直接从事农业技术推广；让高校教师同时兼搞科研，提高教学质量；让农业科技推广人员直接同科研人员和高校教师挂钩，以最新的科学技术来指导两型农业生产。三是要鼓励和吸引青年学子特别是农村学生报考涉农院校。国家要对涉农专业加大补贴力度，同时，建议将农业中专纳入补贴范围，确定一定比例的优秀毕业生向农村基层定向安排或分配，从而有利于农业科技人才的储备和开发。

二、两型农业的技术培训推广

农业科技要真正发挥作用，就必须延伸到田间地头，深入千家万户，切实解决"最后一公里"问题，这需要农业技术的培训和推广。当前农村基层科技服务体系由于经费不足导致运行困难、推广机构不健全和队伍老化。为提升农村基层科技服务能力，可从以下方面着手：一是政府应给予经费保障和政策支持，地方政府要把农技人员和推广工作经费纳入同级财政预算；加强基层农技推广机构的组织建设，建议将畜牧、种植业、水产、兽医、农机、能源、农产品质量安全等整合在一起，建成乡镇综合服务站，并明确其职能定位、经费保障、人员配备、考核奖励、责任落实等政策，推进规范化、制度化建设。二是强化基层农技推广机构的队伍建设，建议通过公开招聘选拔具有大学本科及以上学历的应届毕业生等优秀人才专职从事农技推广工作，建立一支知识化、年轻化、高效率的农技推广队伍。三是创新推广模式。近年来，我国各地围绕新农村与现代农业建设，强化自主创新，探索建立新型农村基层科技服务体系，涌现出一批典型模式：农业科技专家大院模式、科技特派员模式、农村基层科技信息化服务模式、"政府—平台—专家团队—科技服务站—农村科技信息员"上下联动的"梯度"农村科技服务模式。此外,我国农村基层科技服务模式还有中介机构培育型、示范基地带动型、企业自主创新型、农业高校领办型等行之有效的农村基层科技服务典型模式。除了推广上述典型模式外,还可通过建立科技示范户、村级服务站、示范基地田间学校、信息服务平台等载体加快新技术的推广。

第五节 两型农业组织协同机制❶

两型农业生产体系建设并不是农村社会经济系统自身能够完成的任务,它必须借助政府和各种社会力量。当前,国家干预仍然是我国两型农业生产体系建设的主要特征,但随着两型农业生产体系建设的不断推进,仅靠政府投资技术、资本建设两型农业的限制日益暴露。通过一系列制度创新和安排,形成"政府主导,农民主体和全社会参与"的两型农业生产体系的长效推进机制是强化两型农业生产组织协同的必然要求。

一、两型农业生产体系建设的组织化系统

彼得·德鲁克说:"社会已经成为一个组织的社会。在这个社会里,不是全部也是大多数社会任务是在一个组织里和由一个组织完成。"❷组织是社会经济增长和发展的有效载体。巴纳德(C. I. Barnard)认为:"组织不是人的简单的集合体,而是相互协作的关系,是人相互作用的系统。""所谓组织,是有意识协调两个人或更多人的行为或各种力量的系统。"❸两型农业生产体系建设是一项复杂的系统工程,其建设不仅仅是一个农户、一个农场的经济活动,而是一个组织化的系

---

❶ 肖建华、乌东峰:《两型农业生产体系建设的组织协同》,载《江西社会科学》2013年第5期。

❷ [美]彼得·德鲁克:《后资本主义社会》,张星岩译,上海译文出版社1998年版,第52页。

❸ Chester I. Barnard. The Function of the Executive, Harmard University, 1956, p. 68, p. 72.

统过程（参见图7.1），它需要政府、涉农企业、农户、农村社会服务组织、社区和环保非政府组织等多主体的共同努力。

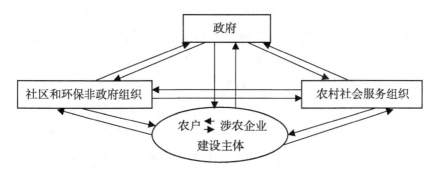

图 7.1　两型农业生产体系建设的组织化系统

1. 两型农业生产体系建设的政府组织

发展两型农业具有明显的环境正外部性效益。农户和涉农企业是生态经济系统的基本要素之一，是农业生产经营中的最基本的微观经济组织，也是农业资源的占有者和使用者。农户和涉农企业的行为对两型农业生产体系建设有着重要影响。为鼓励农户和涉农企业积极改善其自身的农业生产经营行为，更多地采纳资源节约型、环境友好型生产资料或生产技术就需要政府❶的干预。在资源节约型、环境友好型农业生产体系建设的具体实践中，需要发挥政府规划、引导、管理和公共服务的职能，创造有利于农业经济、社会与生态和谐发展的空间。政府必须遵循两型农业的发展规律，明确定位，在尊重农户意愿、保证农民利益的基础上，主要从提供制度保障、科技保障、资金保障、服务保障等方面发挥作用。

2. 两型农业生产体系建设的农业生产组织

两型农业生产体系建设的农业生产组织主要是农户和涉农企业。农户是农民家庭，是农业生产的主体，是农业经济的生产组织单位，是粮食的主要提供者。农户是两型农业生产体系建设的直接主体，是两型农业发展的具体实践者。农户作为一种具有经济功能的组织，其

---

❶　需要说明的是，本书将村委会归为政府组织类。

行为符合经济学中对于经济人的界定。目前，我国农户因受教育程度、获取信息能力以及心智成本等诸多方面的影响，其有限理性更为凸显。同时，我国农户数量众多，具有极大的分散性，消费者无法追溯到农户信息，社会规则在普通农户层面基本不能发挥作用。而涉农企业可以利用自身的资源优势和经营组织优势，将分散的农户经营主体组织、协调起来，涉农企业向农户提供统一的技术服务、采用统一的标准进行生态农业生产。而且涉农企业通过废弃物交换、循环利用、要素耦合和产业连接等方式将上下游其他相关产业形成相互依存、密切联系、协同作用的循环农业产业链条❶。可见，在两型农业生产体系建设中涉农企业不但是发展两型农业的主角，而且是"生产者责任制延伸"的承担者❷。

3. 两型农业生产体系建设的农村中介组织

农村中介组织有狭义和广义之分。从狭义上讲，农村中介组织是指为农户提供信息咨询、技术培训、物资采购、资金服务等各种服务的农业合作经济组织和技术协会等农村社会服务机构或组织（参见图7.2）。农村社会服务组织的形式多种多样，但以农业合作经济组织为主。从广义上讲，农村中介组织是从生产到消费，一切为农户、农业服务的机构。即广义的农村中介组织除了狭义层面的农村社会服务组织外，还包括社区和环保非政府组织。

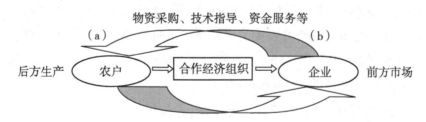

图7.2 农村中介组织在两型农业建设中的功能

鼓励和引导发展各类专业合作经济组织，着力培育一批有竞争力、

---

❶ 周宏大、梁书升：《农村循环经济》，中国农业出版社 2006 年版，第 48 页。

❷ 陈诗波：《基于协同理论的循环农业发展主体研究》，载《南方农业》2009 年第 5 期。

带动力强的龙头企业是两型农业生产体系建设中提高农户组织化程度的重要途径。农民专业合作社、专业技术协会之类的专业合作经济组织在一定程度上有助于打破农户小生产与社会大市场之间的内在矛盾，并在信息服务、维护农民经济利益及疏通销售渠道等方面发挥着积极作用，能够降低农户采用两型农业技术的交易费用，进而提升农户的市场竞争力。

两型农业生产体系建设是一项长期艰巨的任务，需要各级政府的规划和主导，需要众多农业企业、农业合作经济组织和广大农户的积极参与，也需要环保非政府组织和社区的支持。环保非政府组织在两型农业生产体系建设中发挥宣传、咨询、监督与维权作用。社区支持农业模式促进了生产者与消费者的对接与合作，同时也为环境友好型农业建设提供了一条新思路。

二、两型农业生产体系建设的组织化系统协同现状

"在当今世界的许多领域，做成事情的关键问题就在于如何实现组织之间的协调。""整体性""协同性"是蕴含在组织中的题中之意。目前，我国两型农业生产体系建设的组织化系统已具雏形，但由于组织管理机制、社会参与机制的不完善，导致两型农业生产体系建设的组织化系统"条条"与"块块"分割，政府行为较强，农户和涉农企业的主动性不足，社区和环保非政府组织参与薄弱，从而难以形成整体的协同效应。

1. 条块分割的组织管理机制

两型农业生产体系建设涉及农业、水利、林业、环保、能源、轻工、乡镇企业与计划、财政、信贷等部门，部门之间的协作机制科学及可行与否非常重要。但在既有的组织管理机制下，两型农业生产体系建设以农业部门为依托，经过多层次的"块块"切割进行组织管理。但两型农业生产体系建设涉及方方面面，已经远远超过原来的农业范畴，在组织管理上单靠农业部门难以抓好。同时，多层次"块块"切割的组织管理导致整个两型农业生产体系建设的协调成本高，难以形成高效能的整体。

2. 政府主导的越位和缺位

如何促进两型农业发展，政府扶持和引导起着关键性作用。描述政府与农户在两型农业生产体系建设中的角色和关系，"以政府为主导，以农户为主体"已成为理论界的共识。据调查，当前中央和地方各级政府围绕两型农业发展，分别从规划、立法和政策引导、项目推进、环境监管等方面着力推进两型农业发展，并取得了较好实效。但当前两型农业生产体系建设中政府主导面太宽，几乎主导了两型农业生产体系建设的各个方面，而这会影响农民组织能力和农民自主权。某些地方政府把设计生态农业示范点作为政绩工程，很少考虑农业生产者的意愿，经常导致生态农业的生产与农产品市场需求相脱节，这些政绩工程的渐趋没落就说明两型农业生产体系建设中的微观领域应让农民及其组织发挥自主作用。

3. 农户和涉农企业的主动性不足

两型农业尽管能够改善生态环境，但从目前来看，两型农业的经济效益一般不如常规集约化农业，导致两型农业生产者的积极性不足。同时由于生态农产品的认证与监管体系不健全，各个级别的生态农产品标准也不统一，导致消费者无从识别生态农产品与常规农产品，难以刺激生态农产品的有效需求。农业企业与农户作为社会的基本经济细胞，对农业生产的投资多注重眼前的经济利益，而对其产生的生态效益和社会效益则未加关注。因此，在没有政府优惠政策的鼓励和宣传推广下农户和涉农企业一般不愿意进入两型农业。2012年调研发现，农户在生产中考虑对环境影响的只占16%；农户因不了解而拒绝选择两型农业的占44%；已经选择（或准备选择）两型农业发展模式的农户只有29%。

4. 农业社会服务组织的低水平发展

农业社会化服务体系建设是现代农业可持续发展的普遍要求，也是发展农业产业化经营、实现两型农业的必备条件。目前我国农业社会化服务体系存在体制不顺、管理混乱、资金投入不足、服务内容和需求脱节等问题，这使得当前我国农业社会服务组织处于低水平发展状态，还没有形成真正能够带动农户进入市场、提高农业和农民组织化程度规范健康的社会化服务组织。因此，在两型农业生产资料购买阶段，两型农产品生产、运输和销售等各个环节，农户依然是分散的，缺乏统一的组织和安排。

5. 社区和环保非政府组织参与薄弱

社区支持农业（Community Support Agriculture，CSA），这种完全从美国搬回来的 CSA 模式在中国有点"水土不服"。其在中国实际运作上仍存在许多有待克服的制度、技术和经营管理方面的困难，如土地租赁期短对生产者进行有机耕作的不利影响，生产者有机农耕技术的缺乏，高的会员流失率等。

环保非政府组织既可以通过其独有的公信力、影响力去引导消费者积极参与两型农业生产体系建设，还能在一定程度上监督并督促政府制定促进两型农业生产体系建设的政策，并且间接施加压力去改变农业企业和农户一些浪费、不环保的做法。目前，注册登记对我国环保非政府组织来说仍是一道难以逾越的障碍。因为没有合法的身份，极大地影响了其对两型农业生产体系建设的支持力度。另外，我国各类环保非政府组织中专职环保的专业人员数量很少，专业人才不足，活动能量不高，社会认知度低，对政府部门有关两型农业生产体系建设决策的影响力不强。

三、两型农业生产体系建设组织化系统的协同路径

1. 加强两型农业生产体系建设的府际合作与协同

政府间合作模式问题的研究在国际上一般被称为府际管理（International Management），府际管理是关于协调与管理政府关系的一种新型治理模式。两型农业生产体系建设是一项复杂的系统工程，其建设能否成功离不开府际间的合作与协同❶。为了促进两型农业生产体系建设中府际合作与协同，首先，要强化中央政府统筹协调职能。当前还需按照以工促农、以城带乡的发展思路，继续加大农业农村投

---

❶ 肖建华、秦立春：《两型社会建设中府际非合作与治理》，载《湖南师范大学社会科学学报》2011 年第 2 期。

入，着力加强农业现代化建设和新农村建设，加快转变工业化发展方式和城镇化发展战略，促进工业化、城镇化和农业现代化统筹协调发展。同时，为进一步推动两型农业建设和试点工作，中央政府可设立全国两型农业试点县领导小组。领导小组可由农业农村部牵头，会同国家财政部、科技部、林草局、水利部和生态环境部等部门参与组成。领导小组办公室设在农业农村部，负责日常工作。此外，由领导小组聘请的有关管理和技术专家组成全国两型农业建设专家组，负责咨询和监督工作等。其次，为了更好地发展两型农业，地方政府必须深化行政管理体制和机构改革，地方政府应对两型农业实行统一领导和调控，有关部门密切合作，形成一个由政府牵头，统一协调，分工负责，归类管理的新型管理体制，切实把资金、技术和人才集中统一地用于两型农业建设。具体来说，可在省、地、县设立两型农业试点领导小组，省地级可由分管农业的政府领导出面，县级由党政一把手挂帅，省地级具体办事机构可设在农业环境管理部门，县级专设两型农业办公室。这样，逐步形成纵向"条"管理，横向"块"协作的格局，以推动两型农业生产体系建设的府际合作与协同。

2. 以共同利益为基础实现企业和农户协同的自觉自愿

两型农业生产体系建设组织化系统的协同治理过程本身也是利益的整合过程。只有各个参与组织的利益同构才能形成协同的发展目标并产生协同行为。涉农企业与农户作为有限理性的经济主体，只有协同带来了利益，各个参与组织才能继续合作并有更深的信任。这需要政府为两型农业生产体系建设构建一系列相互配套、切实有效的法律法规和政策体系，通过制度和政策形成有效的激励措施，促进涉农企业、农户、社会公众的两型农业行为态度和主观规范的形成。在制度建设上，应凸显市场机制的推动作用，即通过制定发展两型农业的价格、税收、信贷等政策，运用经济杠杆调节参与主体的行为。这样，通过利益共享和政府引导，在涉农企业、农户和政府之间形成利益共同体，从而实现涉农企业、农户自觉自愿协同参与两型农业生产体系建设。

当前，为了培育和提升农户协同参与两型农业生产体系建设的能力，政府在做好两型科技示范园区建设的基础上，通过两型农业科学技术的传播，不断满足广大农户对两型知识的迫切需求，不断增强农户的两型意识，为两型农业生产体系建设提供农民素质基础。同时，政府还要根据当地项目发展需要，帮助农户成立自己的合作或协作组织。通过农民专业合作社、专业技术协会等专业合作经济组织可指导和培训农户采用资源节约技术、环境友好技术，为农户提供资源节约和环境友好技术生产所需的农业生产资料，组织农户进行绿色农产品认证和营销，降低农户采用资源节约和环境友好技术的交易费用。到2012 年 8 月为止，全国各种各样的专业合作社，如种粮合作社、养猪合作社、运销合作社、加工合作社已经达到了 53 万家，2011 年基本上一个月就增加 10000 家❶。但有学者通过调研发现，绝大多数农户认为现有的很多合作组织不过是个摆设，不过是响应政府的号令，做个样子而已❷。因此，政府应积极采取多种措施促进农民经济组织健康发展。

　　农户是两型农业生产体系建设的主体。课题组于 2012 年通过对湖南、湖北两省 120 份村级问卷调查了解到，农村主劳动力的年龄分布情况：18 ~ 30 岁的占 2%；30 ~ 45 岁的占 33%；45 ~ 60 岁的占51%；60 岁以上的占 14%；农村主劳动力受教育程度分布情况：小学及以下的占 30%；初中的占 54%；高中的占 16%。调查发现，农村青少年基本外出打工了，从事农业生产的劳动力呈现出老龄化、妇女化、低素质化。在两型农业生产体系建设进程中，农民老龄化、农业副业化、农村空虚化和农业现代化的特殊矛盾，决定了家庭经营生产方式有向节约化、专业化、标准化和规模化生产方式转变的需要。这首先要求在有序推进土地承包经营权流转的情况下，积极培育种植大户、家庭农场，加大力度建立职业农民队伍。2012 年 8 月，农业部决定在全国开展新型职业农民培育试点工作，通过 3 年试点，在 100

---

　　❶ 张红宇：现代农业发展与农业科技进步——在第五届湖湘三农论坛上的学术报告. www.zgxcfx.com.

　　❷ 向东梅：《促进农户采用环境友好技术的制度安排与选择分析》，载《重庆大学学报（社会科学版）》2011 年第 1 期。

个试点县培育新型职业农民 10 万人❶。2013 年中央"一号文件"提出，鼓励和支持承包土地向专业大户、家庭农场、农民合作社流转❷。其次要充分利用多种融资渠道和多种经济成分发展农业龙头企业，逐步增强其科技创新能力，形成较强的产品加工能力、产品竞争能力和市场开发能力。

3. 合理界定政府行为边界，培育和扶持农业社会服务组织的发展

发达国家的成功经验表明，农业的快速发展离不开完善的农业社会化服务体系。中国农村经济体制正处于变革时期，很多老、少、边、穷地区还未从根本上脱离自给自足的自然经济状态。农业生产条件仍然落后，商品化程度不高。在这种格局下，不能寄希望于农业社会服务组织从一开始就由市场机制的力量来推动，而应主要依靠政府力量进行倡导和扶持。当然，政府在倡导和扶持农业社会服务组织发展过程中，首先要合理界定政府行为边界。鉴于当前我国处于经济转型时期的特殊国情和农业社会服务组织发展低水平的现实，政府在倡导和扶持农业社会服务组织过程中，其行为边界应合理界定为引导而不主导，指导而不包办，服务而不干预。即政府的倡导和支持并不等于自己动手来办农业社会服务组织。虽然自上而下的政府主导发展模式以及政府有关部门亲自牵头主办农业社会服务组织高效快捷，但政府部门的过度干预也会扼杀农业社会服务组织的自主性和生命力，最终会使农业社会服务组织难以做到可持续发展。政府应为农业社会服务组织发展提供良好服务的基础上对其进行合理的监管。目前各地政府均不同程度地存在对农业社会服务组织的多头管理问题，导致管理规范性差。因此，目前亟须明确农业社会服务组织的主管部门，实现对农业社会服务组织的统一管理。学术界❸认为将农业社会服务组织归类为农业部门主管比较好，对此笔者表示认同。在明确主管部门

---

❶ 农业部：在百个试点县三年培育 10 万新型职业农民 . http：//news. xinhuanet. com/2012 – 12/15/c_ 114039515. htm.

❷ 中央"一号文件"首提发展"家庭农场". http：//news. xinhuanet. com/2013 – 02/14/c_ 114676080. htm.

❸ 石秀和、经庭如：《新型农民合作经济组织发展中的政府行为及制度选择》，载《湖北社会科学》2009 年第 10 期。

后，通过主管部门引导农业社会服务组织健全和完善内部经营管理，使其逐步走上与农民利益共享、风险共担的自助、自主、自强的可持续发展之路。其次要创造有利于农业社会化服务体系建设的外部环境。当前，我国由于缺乏必要的法律、法规和章程，一些农业经济组织常出现矛盾纠纷，经济组织运作不规范，成员的正当利益得不到保障。同时我国农村交通、通信事业不发达，市场体系不健全，导致农村交易成本过高。为此，政府创造有利于农业社会化服务体系建设的外部环境主要是在已经出台的《农民专业合作社法》的基础上，尽快制定有关农民协会组织法，然后为农业社会服务组织的发展提供立法保护。

4. 培育和提升环保非政府组织和社区的参与协同能力

当前，我国环保非政府组织在发展过程中主要面临经费短缺、机构注册与合法化问题。解决环保非政府组织的经费短缺问题，使其有能力服务于两型农业生产体系建设，当前首先需要各级政府给予一定的财政支持，或以提供课题研究经费等形式予以支持；其次环保非政府组织可以尝试扩展有偿服务，为农业企业或其他机构提供两型农业建设方面的有偿咨询服务；最后通过提高自身信誉度和影响力，以争取更多的社会捐赠资金，可以重点针对两型农业受益群体开展募集资金工作。而要解决环保非政府组织机构注册与合法化问题，需要政府在政策和法律上给予有力支持，放宽环保非政府组织的成立条件和审批标准，创新监管方式。

社区支持农业尚属新兴事物，在推广中政府的作用至关重要。政府应充分利用新闻媒体、科普教育活动、科技下乡等各种宣传教育途径，加强介绍和宣传，鼓励 CSA 农场开展各种形式的实地"农耕文化"体验，提高市民参与的积极性。同时，政府应该提供政策、资金等方面的支持。

第八章　我国两型农业生产体系建设政府引导机制的评价

现阶段我国两型农业生产体系建设政府引导机制的整体水平和状况为社会各界所普遍关注。为此，本章通过建立一个较为科学的定性描述和定量分析有机结合的两型农业生产体系建设政府引导机制的评价指标体系，并以此来测量和评价整个国家及各地方政府两型农业生产体系建设政府引导工作的情况，从而为完善两型农业生产体系政府引导机制提供决策支持。

第一节　评价指标的构建与处理

一、评价指标体系构建原则

两型农业生产体系建设政府引导机制评价指标体系的构建应遵循以下原则：

1. 精简原则

评价指标并非多多益善，关键在于评价指标在评价过程中所起的作用。两型农业生产体系建设政府引导机制是一个复杂的系统，在同等重要律和最小量限制律的双重要求下，评价指标体系应作为一个有机整体，全面、科学、准确地反映现阶段两型农业生产体系建设政府引导机制的水平和特征。

2. 层次性原则

人类对复杂问题的观察和认识，通常难以一次性地洞悉全部细节，而是采用逐步深入的分层递阶方法去观察和认识。因此，在构建两型农业生产体系建设政府引导机制的评价指标体系时，指标的组织必须依据一定的逻辑规则，具有较强的结构层次性。

3. 可操作性原则

评价指标体系中的各指标应符合客观实际水平，有稳定的数据来源，易于操作，也就是具有可测性。因此，评价指标体系中的各指标应便于获取和计算，不必再做大量的调查和研究，尽可能采用富有代表性、多用途性和可定量化的指标。

4. 动态性原则

两型农业生产体系建设政府引导是一个动态变化的过程。因此，评价指标体系应充分考虑系统的动态变化，针对两型农业生产体系建设政府引导的不同阶段，适时修订指标体系，制定不同的评价标准。

二、评价指标体系的构建

遵循两型农业生产体系建设政府引导机制的内涵和指标设计原则，两型农业生产体系建设政府引导机制评价指标体系由两型农业理念培育机制、两型农业法律规范机制、两型农业市场激励机制、两型农业技术支撑机制和两型农业组织协同机制五类一级指标，15 个二级指标，36 个三级指标构成，具体如表 8.1 所示。

表8.1 两型农业生产体系建设政府引导机制的评价指标体系层次结构

目标层	一级指标	二级指标	三级指标	指标类别
两型农业生产体系建设政府引导机制（G）	两型农业理念培育机制（V_1）	政府公务员两型农业理念培育（V_{11}）	政府公务员两型农业的学习能力（V_{111}）	定性指标
			政府公务员对两型农业的认识度（V_{112}）	定性指标
			政府公务员对两型农业的敬重度（V_{113}）	定性指标
		农户和涉农企业两型农业理念培育（V_{12}）	地方政府的两型宣教投入占财政投入的比重（V_{121}）	正指标
			两型农业的示范工程建设情况（V_{122}）	定性指标
			农户的两型农业意识指数（V_{123}）	正指标

目标层	一级指标	二级指标	三级指标	指标类别
两型农业生产体系建设政府引导机制（G）	两型农业理念培育机制（V_1）	社区居民和消费者两型农业理念培育（V_{13}）	农村绿色社区的创建率（V_{131}）	正指标
			绿色消费政策法律的培训力度（V_{132}）	定性指标
	两型农业法律规范机制（V_2）	两型农业的立法（V_{21}）	两型农业法律法规社会覆盖面（V_{211}）	定性指标
			农村资源环境保护法律法规数目（V_{212}）	正指标
		两型农业的执法（V_{22}）	两型农业法律法规执行力度与效果（V_{221}）	定性指标
			社会公众两型农业的法律意识（V_{222}）	定性指标
	两型农业市场激励机制（V_3）	两型农业的财政激励（V_{31}）	两型农业的财政补贴力度（V_{311}）	正指标
			两型农业的财政投入结构（V_{312}）	定性指标
		两型农业的税收激励（V_{32}）	两型农业的税率（V_{321}）	负指标
			两型农业的税收结构（V_{322}）	正指标
		两型农业的金融激励（V_{33}）	两型农业的贷款占金融贷款的比重（V_{331}）	负指标
			两型农业的贷款利率（V_{332}）	负指标
		两型农业的价格激励（V_{34}）	化肥施用强度（折纯）（V_{341}）	正指标
			农药施用强度（折纯）（V_{342}）	正指标
			万元农业增加值水耗（V_{343}）	正指标
			万元农业增加值能耗（V_{344}）	正指标
	两型农业技术支撑机制（V_4）	两型农业技术研究（V_{41}）	两型农业技术研究经费占GDP比重（V_{411}）	正指标
			基层农业科研部门的科研经费投入（V_{412}）	正指标

目标层	一级指标	二级指标	三级指标	指标类别
两型农业生产体系建设政府引导机制（G）	两型农业技术支撑机制（V_4）	两型农业技术转化（V_{42}）	两型农业技术成果转化率（V_{421}）	正指标
			两型农业产学研一体化程度（V_{422}）	定性指标
		两型农业技术教育（V_{43}）	农村义务教育完成率（V_{431}）	正指标
			农村居民文教娱乐服务支出占家庭消费支出的比重（V_{432}）	正指标
			每千人农村人员中农业技术人员的比重（V_{433}）	正指标
		两型农业技术培训（V_{44}）	两型农业技术培训经费占财政投入的比重（V_{441}）	正指标
			两型农业技术培训人数占农村劳动力的比重（V_{442}）	正指标
	两型农业组织协同机制（V_5）	两型农业府际协同（V_{51}）	中央政府与地方政府间的协同度（V_{511}）	定性指标
			地方政府部门之间的协同度（V_{512}）	定性指标
		两型农业流程协同（V_{52}）	家庭农场占农户的比重（V_{521}）	正指标
			涉农企业占企业的比重（V_{522}）	正指标
			农业经济合作组织占社会中介组织的比重（V_{523}）	正指标

1. 两型农业理念培育机制指标

两型农业生产体系建设不仅应当通过加强正式制度的安排和创新，以法律规范、经济激励和约束调整社会消费和生产行为，从而实现经济与生态的和谐发展，促进两型农业发展目标的实现；同时，我们更要强化以价值观等理念为载体的非正式制度的安排。为此，在理念培育机制指标下，具体从政府公务员两型农业理念培育、农户和涉农企业两型农业理念培育和社区居民和消费者两型农业理念培育3个二级指标加以说明，并从政府公务员两型农业的学习能力、政府公务员对两型农业的认识度、政府公务员对两型农业的敬重度、地方政府的两型宣教投入占财政投入的比重、两型农业的示范工程建设情况、农户的两型农业意识指数、农村绿色社区的创建率和绿色消费政策法律的培训力度 8 个三级指标具体进一步加以明细。

2. 两型农业法律规范机制指标

为了实现农业生产的资源节约以及农业生产与自然环境之间的和谐共处，实现农业与其他产业之间的全面协调可持续发展，需要完善我国农村资源环境保护法制、农业发展土地法律。因此，在两型农业法律规范机制指标下，具体从两型农业的立法和两型农业的执法 2 个二级指标加以说明，并从两型农业法律法规社会覆盖面、农村资源环境保护法律法规数目、两型农业法律法规执行力度与效果和社会公众两型农业的法律意识 4 个三级指标进行具体明细。

3. 两型农业市场激励机制指标

在两型农业激励机制方面要凸显市场机制的推动作用，即通过制定发展两型农业的价格、财税、信贷等政策，运用经济杠杆调节参与主体的行为。因此，在两型农业市场激励机制指标下，具体从两型农业的财政激励、两型农业的税收激励、两型农业的金融激励和两型农业的价格激励 4 个二级指标加以说明，并从两型农业的财政补贴力度、两型农业的财政投入结构、两型农业的贷款占金融贷款的比重、两型农业的税率、两型农业的税收结构、两型农业的贷款利率、化肥施用强度、农药施用强度、万元农业增加值水耗、万元农业增加值能耗 10 个三级指标加以明细。

4. 两型农业技术支撑机制指标

两型农业技术支撑机制的建立离不开两型农业科研教育的支持和两型农业技术培训的推广。因此，在两型农业技术支撑机制指标下，具体从两型农业技术研究、两型农业技术转化、两型农业技术教育和两型农业技术培训 4 个二级指标加以说明，并从两型农业技术研究经费占 GDP 比重、基层农业科研部门的科研经费投入、两型农业技术成果转化率、两型农业产学研一体化程度、农村义务教育完成率、农村居民文教娱乐服务支出占家庭消费支出的比重、每千人农村人员中农业技术人员的比重、两型农业技术培训经费占财政投入的比重和两型农业技术培训人数占农村劳动力的比重9个三级指标加以明细。

5. 两型农业组织协同机制指标

两型农业生产体系建设是一项复杂的系统工程，其建设不仅仅是一个农户、一个农场的经济活动，而是一个组织化的系统过程，它需要政府、涉农企业、农户、农村社会服务组织、社区和环保非政府组织等多主体共同努力。因此，在组织协同机制指标下，具体从两型农业府际协同和两型农业流程协同2个二级指标加以说明，并从中央政府与地方政府间的协同度、地方政府部门之间的协同度、家庭农场占农户的比重、涉农企业占企业的比重和农业经济合作组织占社会中介组织的比重5个三级指标加以明细。

三、评价指标权数的测度

为了体现各个评价指标在评价指标体系中的作用地位以及重要程度，在指标体系确定后，必须对各指标赋予不同的权重系数。指标权数的测度是个难点，至今没有一个令人信服的有效的解决方法。对指标体系进行权数确定时常用的方法有层次分析法（Analytic Hierarchy Process，AHP）、平均赋权法、主成分分析法和专家估测法等。层次分析法是目前使用较多的一种方法。该方法对各指标之间重要程度的分析更具逻辑性，再加上数学处理，可信度较大，应用范围也较广。专家估测法依据评委专家的知识、经验和个人价值观对指标体系进行分析、判断和主观赋权。主成分分析法是将多个指标问题简化为少数指标问题的一种多元统计方法。为了比较客观同时比较准确地反映两型农业生产体系建设政府引导机制各项指标在总指标体系中的重要程度，笔者认为运用层次分析法和专家估测法对各指标予以赋权比较合适。

1. 评价体系指标值的预处理

由于各具体指标的单位不一、属性不同、大小差别也较大，使指标之间存在不可公度性，加大了评价难度，因此，在进行综合评价前，必须将各指标的数值转化为具有可比性的"标准值"。标准化处理指标数值的过程中，要注意以下问题：

（1）无量纲化。由于不同的指标数据有不同的量纲，使指标之间缺乏可比性。因此，在进行评价时，需要消除原始变量（指标）量纲的影响，即设法消去量纲，仅用数值大小来反映指标优劣，这就是无量纲化。

（2）不同类型评价指标数据值的标准化处理。对正向指标，可采用半升梯形模糊隶属度函数进行量化：

$$ZX_i = \begin{cases} \dfrac{X_i - X_{\min}}{X_{\max} - X_{\min}} & X_i \in [X_{\min}, C] \\[2ex] 1 & X_i \in [C, X_{\max}] \end{cases}$$

对负向指标，可采用半降梯形模糊隶属度函数进行量化：

$$ZX_i = \begin{cases} 1 & X_i \in [X_{\min}, C] \\[2ex] \dfrac{X_{\max} - X_i}{X_{\max} - X_{\min}} & X_i \in [C, X_{\max}] \end{cases}$$

对于有些指标值，过大过小都不好，以落在某个固定区间为最佳，这类指标数值可采用以下函数进行量化：

$$ZX_i = \begin{cases} \dfrac{X_i - X_{\min}}{C_1 - X_{\min}} & X_i \in [X_{\min}, C_1] \\[2ex] 1 & X_i \in [C_1, C_2] \\[2ex] \dfrac{X_{\max} - X_i}{X_{\max} - C_2} & X_i \in [C_2, X_{\max}] \end{cases}$$

两型农业生产体系建设政府引导机制评价中有相当一部分是定性指标，如何使这些定性指标进行定量化处理？本研究采用格栅获取法量化定性指标变量。如表 8.2 所示：

表 8.2　刻度指标实现程度的评价

序号	最小	次小		较大	最高
1	或最少	或次少		或较多	或最多
2	或最差	或次差	中等	或较好	或最好

续表

序号	最小	次小		较大	最高
3	或最低	或次低	一般	或较高	或最高
4	或最弱	或次弱	中等	或较强	或最弱
5	1	2	3	4	5

对评价指标的评价，主要依靠评价人员的个人判断和调查法进行确定，获取定性指标的定量化数值，如表8.3所示：

表8.3 定性指标的定量化

分类评价	单项评价	1	2	3	4	5
政府公务员对两型农业的敬重度	政府公务员对两型农业的敬重度					

注释：表8.3中，评价等级分别表示评价对象所列指标的优秀、良好、一般、次差、最差五个等级。

解决了指标权重和指标标准化处理这两个关键性的问题后，即可采用量化值加权函数的方法计算综合评估结果。计算公式为：

$$C_i = \sum_{i=1}^{n} Z_i M_j$$

式中：C_i代表评价系统第i个综合评价指数；Z_i代表该区域第i个评价指数；M_j代表该区域第i个的权数值；n代表该区域的个数。

第二节 DEA评价模型实证分析

两型农业生产体系建设政府引导机制是一个多方投入、多方产出的复杂系统，传统的评估方法，如投入产出法、效益成本比率法、模糊综合评估法等方法难以对多方投入、多方产出的复杂系统进行评价。数据包络分析（Date Envelopment Analysis，DEA）是以"相对效率"为基础，根据多指标投入和多指标产出对相同类型的单位（部门）进行相对有效性或效益性评价的一种新的系统分析方法。它对社会经济系统多投入、多产出的相对有效性评价，是独具优势的。因此，数据包络分析适合运用于两型农业生产体系建设政府引导机制的绩效评价。

一、DEA 评价模型的原理和方法

1. 划分决策单元

DEA 使用数学规划模型评价具有多个输入和多个输出的"部门"或"单位"间的相对有效性（DEA 有效），这些"部门"或"单位"就是 DEA 模型的决策单元（Decision Making Unit，DMU），也就是评价对象。

2. 确定评价指标体系

DEA 模型利用决策单元的投入和产出指标数据对评价单元的相对有效性进行评定，因此，指标体系的科学确定是运用该模型的基本前提。在确定指标体系时，应充分考虑决策单元间的一致性和指标的重要性、可获得性、可操作性和针对性。

3. 构建评价模型

设接受评估的 DMU 一共有 n 个，$\boldsymbol{X}_j = (x_{1j}, x_{2j}, \cdots, x_{mj})^T$ 和 $\boldsymbol{Y}_j = (y_{1j}, y_{2j}, \cdots, y_{sj})^T$ $(j = 1, 2, \cdots, n,)$，x_j 和 y_j 表示输入和输出且输入输出的分量非负，v_i 表示第 i 种输入要素的权重，u_r 表示第 r 种输出要素的权重。由此 DMU 的效率评价指数为：

$$h_j = \frac{\sum_{r=1}^{s} u_r y_{rj}}{\sum_{i=1}^{m} v_i x_{ij}} \qquad (j = 1, 2, \cdots, n)$$

选择适当的 v 和 u，使 $h_j \leqslant 1$，$j = 1, 2, \cdots, n$，h_j 是 DMU_j 的各输出指标值加权之和与各输入指标值加权之和的比率，取值范围在 $0 \sim 1$。

以第 j_0 个决策单元的效率指数为目标，以所有决策单元（含第 j_0 个决策单元）的效率指数为约束，就能构造出 $\mathrm{C}^2\mathrm{R}$ 模型：

$$(C^2R - P)\begin{cases} \max k^T\boldsymbol{Y}_0 = V_P \\ \text{s. t. } w^T\boldsymbol{X}_j - k^T\boldsymbol{Y}_j \geqslant 0 \qquad (j = 1,2,\cdots,n) \\ w^T\boldsymbol{X}_0 = 1 \\ w \geqslant 0, k \geqslant 0 \end{cases}$$

这个规划模型是一个分式模型，我们可以经过 Charnes – Cooper 变换，将其转化成一个等价的线性规划模型。令 $t = 1/(v^T X_0)$，$w = tv$，$k = tu$，则原有的 C^2R 分式规划模型转化为：

$$(C^2R - P)\begin{cases} \max h_0 = \dfrac{u^T\boldsymbol{Y}_0}{v^T\boldsymbol{X}_0} = V_P \\ \text{s. t. } h_j = \dfrac{u^T\boldsymbol{Y}_0}{v^T\boldsymbol{X}_0} \leqslant 1 \qquad (j = 1,2\cdots,n) \\ v \geqslant 0, u \geqslant 0 \end{cases}$$

用线性规划的最优解可以定义决策单元 j_0 的有效性，由此看来，利用上述模型来评价决策单元 j_0 是否有效是相对其他所有决策单元而言的。

二、DEA 评价模型实证分析

1. 指标体系及其数据来源

本研究构建了两型农业生产体系建设政府引导机制评价指标体系，同时，选取 2011 年我国 31 个省（自治区、直辖市）作为 DEA 决策单元。两型农业生产体系建设政府引导机制评价的原始数据主要来源于《中国农村统计年鉴》《中国统计摘要》《中国统计年鉴》《中国农村能源年鉴》《中国农村住户调查年鉴》《中国环境统计年鉴》等。

2. 建立输入输出指标体系并进行评价

为了使两型农业生产体系建设各省市政府之间的引导绩效具有可比性，本研究从两型农业生产体系建设政府引导机制评价指标体系中选取了 12 个指标建立输入输出指标体系，通过 DEA 模型计算，获得了 2011 年我国 31 个省（自治区、直辖市）的输入输出情况（见表 8.4）。

根据表 8.4 反映各省（自治区、直辖市）两型农业生产体系建设政府引导情况的数据，利用 DEA 软件进行求解，可得出 DEA 评测结果（见表 8.5）。

表8.4 2011年我国31个省（自治区、直辖市）两型农业生产体系建设政府引导的输入输出情况

DMU	X_1	X_2	X_3	X_4	X_5	X_6	Y_1	Y_2	Y_3	Y_4	Y_5	Y_6
北京	0.04214	0.03427	0.04028	0.03106	0.05481	0.03021	0.01534	0.01294	0.01434	0.01299	0.02042	0.01012
河北	0.03147	0.03454	0.02488	0.01017	0.02121	0.02252	0.00264	0.01351	0.00435	0.01246	0.02487	0.00189
内蒙古	0.02684	0.01887	0.02467	0.02460	0.02474	0.00465	0.00374	0.00805	0.01872	0.02941	0.02264	0.01065
吉林	0.03202	0.03105	0.03884	0.03524	0.02857	0.00798	0.00378	0.01251	0.02442	0.01058	0.01146	0.01141
宁夏	0.02147	0.01024	0.01268	0.01265	0.00236	0.00145	0.01071	0.01248	0.00980	0.02841	0.00747	0.01564
四川	0.04135	0.03152	0.00258	0.02610	0.04203	0.00550	0.01439	0.02487	0.01257	0.02144	0.04124	0.00434
新疆	0.01110	0.14302	0.00283	0.02472	0.00135	0.00898	0.00151	0.00274	0.00165	0.01458	0.01287	0.00135
山西	0.02124	0.02174	0.01234	0.01207	0.02165	0.00758	0.02210	0.01160	0.01726	0.02214	0.21106	0.01075
广西	0.01439	0.01409	0.00218	0.02147	0.02445	0.00228	0.02521	0.01074	0.01525	0.01602	0.01047	0.01431
上海	0.05464	0.01577	0.04554	0.02872	0.00442	0.00357	0.01601	0.01470	0.02473	0.02431	0.02206	0.02440
天津	0.03462	0.02602	0.03302	0.02502	0.02514	0.01098	0.01587	0.02431	0.00350	0.02200	0.00341	0.00825
浙江	0.05527	0.04959	0.03661	0.01446	0.02527	0.03264	0.01578	0.00172	0.00374	0.02514	0.03302	0.02164
重庆	0.02444	0.03327	0.02207	0.00178	0.02241	0.01014	0.00240	0.00280	0.02170	0.02124	0.00205	0.00731
湖南	0.04187	0.02276	0.04909	0.02168	0.01670	0.00248	0.01247	0.02172	0.04221	0.02211	0.01104	0.02180
云南	0.02112	0.02703	0.02724	0.00519	0.00409	0.02287	0.02241	0.00884	0.01292	0.01614	0.00306	0.00704
海南	0.02121	0.02574	0.01324	0.02218	0.00244	0.00374	0.00244	0.00264	0.02141	0.02203	0.02225	0.00302

DMU	X_1	X_2	X_3	X_4	X_5	X_6	Y_1	Y_2	Y_3	Y_4	Y_5	Y_6
甘肃	0.01605	0.02225	0.01306	0.00240	0.00201	0.00250	0.01064	0.01284	0.00452	0.00110	0.01081	0.01120
安徽	0.02151	0.02477	0.02541	0.01150	0.00171	0.01065	0.01260	0.01220	0.00201	0.01230	0.00770	0.00180
广东	0.05312	0.04214	0.04910	0.02307	0.02574	0.02408	0.03484	0.02508	0.02617	0.04122	0.00741	0.01440
江苏	0.05612	0.02687	0.02544	0.03514	0.03611	0.02390	0.00275	0.02474	0.02458	0.02162	0.04603	0.04800
西藏	0.02211	0.01201	0.02517	0.00164	0.01014	0.00254	0.00274	0.00431	0.00242	0.04141	0.02331	0.00261
河南	0.04241	0.02410	0.02257	0.04151	0.01880	0.02370	0.02374	0.01270	0.02351	0.02274	0.00147	0.01409
江西	0.03460	0.03143	0.02183	0.02360	0.00207	0.01309	0.02330	0.01087	0.02355	0.02510	0.02607	0.02412
辽宁	0.04021	0.01123	0.03415	0.04180	0.02601	0.02164	0.01370	0.02115	0.00254	0.00646	0.04530	0.02150
湖北	0.04602	0.02624	0.02403	0.02440	0.02404	0.00144	0.02130	0.00264	0.02471	0.02447	0.00540	0.00606
福建	0.03430	0.02437	0.02211	0.03507	0.00887	0.03004	0.02490	0.02350	0.03508	0.03630	0.02408	0.02134
陕西	0.04024	0.04313	0.04715	0.02544	0.00603	0.34870	0.00264	0.01107	0.00363	0.02350	0.02404	0.02330
青海	0.01302	0.00324	0.01125	0.01322	0.01311	0.01030	0.00377	0.00275	0.01252	0.02451	0.02305	0.00365
山东	0.05162	0.05626	0.03514	0.02318	0.02160	0.01117	0.07850	0.02431	0.02351	0.03890	0.02301	0.02508
黑龙江	0.03447	0.02556	0.02505	0.03306	0.02480	0.02150	0.00147	0.00371	0.00810	0.02325	0.03404	0.00401
贵州	0.01307	0.01117	0.02420	0.00213	0.02171	0.01271	0.01592	0.00141	0.01142	0.01065	0.00274	0.01068

注：表中省、自治区、直辖市均为简称。

表 8.5　DEA 评测结果

Rank	DMU	Score	Rank	DMU	Score	Rank	DMU	Score
1	北京	1	12	广西	0.5096042	23	河北	0.2441611
1	天津	1	13	河南	0.4835755	24	青海	0.2423944
1	上海	1	14	重庆	0.4763499	25	甘肃	0.1877598
1	广东	1	15	湖南	0.4317041	26	新疆	0.1876499
5	江苏	0.713321	16	黑龙江	0.4175438	27	内蒙古	0.1776598
6	浙江	0.6975894	17	陕西	0.3995412	28	山西	0.1641612
7	福建	0.6472481	18	湖北	0.391643	29	贵州	0.1595402
8	海南	0.5971253	19	四川	0.3772951	30	宁夏	0.1417041
9	山东	0.5367179	20	辽宁	0.3737211	31	西藏	0.1225751
10	江西	0.5237605	21	云南	0.2752467			
11	安徽	0.5185602	22	吉林	0.2593819			

注：表中省、自治区、直辖市均为简称。

3. 评价结果分析

从表 8.5 可知，我国 31 个省（自治区、直辖市）只有北京、天津、上海和广东处于效率前沿面上，即效率值为 1。其余 27 个省（自治区）均为 DEA 无效，也就是说，总可以找到相应途径改进它们［27 个非 DEA 有效的省（自治区）］。从分析结果中可以得出这么一个规律：两型农业生产体系建设政府引导机制效率与省（自治区、直辖市）经济发展水平高度相关和吻合，因此有明显的区域分布特征。如 DEA 效率值为 1 的北京、天津、上海和广东均是经济发展水平较高的省市，排名靠前的江苏、浙江、福建、海南和山东都是沿海经济发达省份，效率值处于中位的省份大多是地处中部，经济发展水平居中的省份。而排名在后的青海、甘肃、新疆、内蒙古、山西、贵州、宁夏和西藏八个省（自治区）区则绝大多数是西部经济发展水平比较落后的省份。

为什么大多中西部省份两型农业生产体系建设政府引导效率低于东部省份？这既有经济发展的一般规律性原因，也有中西部省份自身的因素。经济发展的一般规律性原因主要在于中西部地区两型农业的发展更多处于粗放型发展阶段，而东部省份两型农业的发展更趋于集约化发展阶段，因此，东部省份两型农业的发展在资源要素利用效率上比中西部地区高。中西部省份自身的因素主要是自身的人力资本、技术水平、资源价格等因素使得其资源利用效率比东部省份低。

第三节　基于 AHP 和 MATLAB 的三维动态评价

在两型农业生产体系建设政府引导机制的评价中，由于每一个指标都是动态的，在不同的时间点具有不同的数值，所以就需要对政府引导机制进行动态评价。对两型农业生产体系建设政府引导机制的动态评价，首先需要构建评价指标体系并确定指标权重，其次需要构造三维动态函数，并在动态函数的基础之上，运用数学软件 MATLAB 构造三维动态图形。层次分析法（AHP）对各指标之间重要程度的分析更具逻辑性，再加上数学处理，可信度较大。通过 AHP 确定的指标权重能正确反映各指标的重要程度，保证评价结果的准确性。因此，本研究将 AHP 与 MATLAB 有机结合起来对两型农业生产体系建设政府引导机制进行动态评价。

一、层次分析法（AHP）的模型和步骤

1. 构造层次分析结构

应用层次分析法分析社会、经济以及科学管理领域的问题，把问题条理化、层次化，构造出一个层次分析结构的模型。层次分析模型主要分为三层：目标层 G、准则层 A 和方案层 B。

2. 构造判断矩阵并对判断矩阵进行一致性检验

在确定层次结构后开始构造比较判断矩阵，一般通过比较标度法进行矩阵构造。为了保证层次分析法分析得到的结论合理，需要对构造的判断矩阵进行一致性检验。一般通过利用一致性指标 CI、平均随机一致性指标 RI 对判断矩阵进行一致性检验。一致性指标 CI 的计算公式为：

$$CI = \frac{\lambda_{max} - n}{n - 1}$$

λ_{max} 为矩阵的最大特征根，n 为指标个数。当 $CI = 0$ 时，该判断矩阵具有完全一致性，CI 的值越大，判断矩阵的一致性越差。因此，为了进一步检验判断矩阵的一致性是否达到令人满意的程度，需要将 CI 与平均随机一致性指标 RI 进行比较。对于 1 ~ 9 阶判断矩阵，RI 的值分别列于表 8.6 中。

表 8.6 *RI* 值

1	2	3	4	5	6	7	8	9
0.00	0.00	0.58	0.90	1.12	1.24	1.32	1.41	1.45

对于 1、2 阶判断矩阵，RI 只是形式上的，因为 1、2 阶判断矩阵总是具有完全一致性。当阶数大于 2 时，判断矩阵的一致性指标 CI 与同阶平均随机一致性指标 RI 的比值为 CR。当 $CR < 0.1$ 时，就认为判断矩阵具有满意的一致性，否则就需要调整判断矩阵，使之具有满意的一致性。

3. 确定评价指标的权值

为了从判断矩阵中提炼出有用信息，达到对事物的规律性认识，为决策提供科学依据，就需要计算每个判断矩阵的权重向量和全体判断矩阵的合成权重向量。通过两两对比按重要性等级赋值，从而完成从定性分析到定量分析的过渡。各评价指标相对于总目标的权值为：

$$w_i = l_i \prod_{i=1}^{k} a_{ij} \qquad i = 1, 2, \cdots, n$$

l_i 为评价指标 v_i 在最低层层次单排序中所得权值；k 为评价目标树中指标 v_i 的祖先数；a_{ij} 为指标 v_i 的第 j 个祖先在层次单排序中所得权值，对于根节点 $a_{i1} = 1$。

二、评价指标的 AHP 计算过程

根据表 8.1 确定的各层次评价指标，采用专家咨询法（Delphi）基础上的群组层次分析法，结合两型农业生产体系建设政府引导机制的实际情况，对两型农业生产体系建设政府引导机制评价指标进行两两比较，构造判断矩阵并赋值。然后通过 AHP 进行计算。

通过原始数据分析及主观判断，将各层指标的相对重要性构造成判断矩阵，根据赋值情况分别对一级、二级、三级指标的权数进行测算，最后得出两型农业生产体系建设政府引导机制评价指标的 AHP 运算结果如下：

评价指标 V_n（$n = 1, 2, \cdots, 5$）的权重向量为 $A = (0.152, 0.214, 0.098, 0.351, 0.142)$；评价指标 V_{1X}（$X = 1, 2, 3$）的权重向量为 $A_1 = (0.326, 0.230, 0.472)$；评价指标 V_{2X}（$X = 1, 2$）的权重向量为 $A_2 = (0.313, 0.246)$；评价指标 V_{3X}（$X = 1, 2, 3, 4$）的权重向量为 $A_3 = (0.516, 0.472, 0.214, 0.276)$；评价指标 V_{4X}（$X = 1, 2, 3, 4$）的权重向量为 $A_4 = (0.283, 0.602, 0.351, 0.620)$；评价指标 V_{5X}（$X = 1, 2$）的权重向量为 $A_5 = (0.249, 0.613)$；评价指标 V_{11Z}（$Z = 1, 2, 3$）的权重向量为 $A_{11} = (0.320, 0.530, 0.501)$；评价指标 V_{12Z}（$Z = 1, 2, 3$）的权重向量为 $A_{12} = (0.190, 0.197, 0.389)$；评价指标 V_{13Z}（$Z = 1, 2$）的权重向量为

$A_{13} = (0.502, 0.192)$；评价指标 V_{21Z}（$Z=1$，2）的权重向量为 $A_{21} = (0.371, 0.530)$；评价指标 V_{22Z}（$Z=1$，2）的权重向量为 $A_{22} = (0.701, 0.635)$；评价指标 V_{31Z}（$Z=1$，2）的权重向量为 $A_{31} = (0.278, 0.249)$；评价指标 V_{32Z}（$Z=1$，2）的权重向量为 $A_{32} = (0.826, 0.351)$；评价指标 V_{33Z}（$Z=1$，2）的权重向量为 $A_{33} = (0.701, 0.276)$；评价指标 V_{34Z}（$Z=1$，2，3，4）的权重向量为 $A_{34} = (0.198, 0.389, 0.803, 0.219)$；评价指标 V_{41Z}（$Z=1$，2）的权重向量为 $A_{41} = (0.438, 0.320)$；评价指标 V_{42Z}（$Z=1$，2）的权重向量为 $A_{42} = (0.512, 0.278)$；评价指标 V_{43Z}（$Z=1$，2）的权重向量为 $A_{43} = (0.421, 0.368)$；评价指标 V_{44Z}（$Z=1$，2）的权重向量为 $A_{44} = (0.208, 0.560)$；评价指标 V_{51Z}（$Z=1$，2）的权重向量为 $A_{51} = (0.438, 0.701)$；评价指标 V_{52Z}（$Z=1$，2，3）的权重向量为 $A_{52} = (0.197, 0.190, 0.389)$。

由表8.7可知 $\lambda_{max} = 6.821$，$CI = 0.0075$，$RI = 1.43$，$CR = 0.0328 < 0.1$，故通过一致性检验。

表8.7　评价指标权重计算及一致性检验

G	V_1	V_2	V_3	V_4	V_5
V_1	2	1/2	1	2	1
V_2	1	3	2	1/2	2
V_3	3	1	1/3	3	1/2
V_4	1/2	2	2	2	1
V_5	2	1/2	1/2	1	3

由表8.8可知 $\lambda_{max} = 4.120$，$CI = 0.0009$，$RI = 0.23$，$CR = 0.00024 < 0.1$，故通过一致性检验。

表8.8　评价指标权重计算及一致性检验

V_1	V_{11}	V_{12}	V_{13}
V_{11}	1/3	2	1
V_{12}	2	1	1/2
V_{13}	1	1/2	2

由表 8.9 可知 $\lambda_{\max} = 3.420$，$CI = 0.0007$，$RI = 0.45$，$CR = 0.00019 <$ 0.1，故通过一致性检验。

表 8.9　评价指标权重计算及一致性检验

V_2	V_{21}	V_{22}
V_{21}	2	1/2
V_{22}	1	3

由表 8.10 可知 $\lambda_{\max} = 2.110$，$CI = 0.0024$，$RI = 0.28$，$CR = 0.0021 <$ 0.1，故通过一致性检验。

表 8.10　评价指标权重计算及一致性检验

V_3	V_{31}	V_{32}	V_{33}	V_{34}
V_{31}	1/2	1/2	5	7
V_{32}	3	2	3	1/5
V_{33}	9	1/3	1/9	5
V_{34}	5	1/7	5	3

由表 8.11 可知 $\lambda_{\max} = 1.220$，$CI = 0.0018$，$RI = 0.19$，$CR = 0.00142 <$ 0.1，故通过一致性检验。

表 8.11　评价指标权重计算及一致性检验

V_4	V_{41}	V_{42}	V_{43}	V_{44}
V_{41}	2	1/2	3	5
V_{42}	1	2	1/3	7
V_{43}	7	3	1/5	1/9
V_{44}	2	1	7	5

由表 8.12 可知 $\lambda_{\max} = 1.460$，$CI = 0.0027$，$RI = 0.21$，$CR = 0.0029 <$ 0.1，故通过一致性检验。

表 8.12　评价指标权重计算及一致性检验

V_5	V_{51}	V_{52}
V_{51}	3	1/2
V_{52}	1	2

由表 8.13 可知 $\lambda_{max} = 3.008$，$CI = 0.00287$，$RI = 0.041$，$CR = 0.0127 < 0.1$，故通过一致性检验。

表 8.13　评价指标权重计算及一致性检验

V_{11}	V_{111}	V_{112}	V_{113}
V_{111}	3	1	2
V_{112}	2	1/2	1/3
V_{113}	1/2	1/3	1

由表 8.14 可知 $\lambda_{max} = 4.021$，$CI = 0.00729$，$RI = 0.0017$，$CR = 0.00082 < 0.1$，故通过一致性检验。

表 8.14　评价指标权重计算及一致性检验

V_{12}	V_{121}	V_{122}	V_{123}
V_{121}	3	1	2
V_{122}	2	1/2	1/3
V_{123}	1/2	1/3	1

由表 8.15 可知 $\lambda_{max} = 3.421$，$CI = 0.0012$，$RI = 0.0017$，$CR = 0.00024 < 0.1$，故通过一致性检验。

表 8.15　评价指标权重计算及一致性检验

V_{13}	V_{131}	V_{132}
V_{131}	1/2	1
V_{132}	1	1/3

由表 8.16 可知 $\lambda_{max} = 2.301$，$CI = 0.00043$，$RI = 0.0051$，$CR = 0.00213 < 0.1$，故通过一致性检验。

表 8.16　评价指标权重计算及一致性检验

V_{21}	V_{211}	V_{212}
V_{211}	2	1/5
V_{212}	1/3	2

由表 8.17 可知 $\lambda_{\max} = 4.341$，$CI = 0.00173$，$RI = 0.0072$，$CR = 0.00371 < 0.1$，故通过一致性检验。

表 8.17　评价指标权重计算及一致性检验

V_{22}	V_{221}	V_{222}
V_{221}	1	1/2
V_{222}	1/3	3

由表 8.18 可知 $\lambda_{\max} = 1.427$，$CI = 0.000713$，$RI = 0.000242$，$CR = 0.0098 < 0.1$，故通过一致性检验。

表 8.18　评价指标权重计算及一致性检验

V_{31}	V_{311}	V_{312}
V_{311}	1	2
V_{312}	1/2	1/3

由表 8.19 可知 $\lambda_{\max} = 5.422$，$CI = 0.0117$，$RI = 0.0021$，$CR = 0.00076 < 0.1$，故通过一致性检验。

表 8.19　评价指标权重计算及一致性检验

V_{32}	V_{321}	V_{322}
V_{321}	1/3	5
V_{322}	2	1/2

由表 8.20 可知 $\lambda_{\max} = 3.483$，$CI = 0.0182$，$RI = 0.0273$，$CR = 0.00286 < 0.1$，故通过一致性检验。

表 8.20　评价指标权重计算及一致性检验

V_{33}	V_{331}	V_{332}
V_{331}	2	7
V_{332}	1	1/9

由表 8.21 可知 $\lambda_{max} = 3.154$，$CI = 0.00363$，$RI = 0.0026$，$CR = 0.00187 < 0.1$，故通过一致性检验。

表 8.21　评价指标权重计算及一致性检验

V_{34}	V_{341}	V_{342}	V_{343}	V_{344}
V_{341}	1	1/2	1/2	2
V_{342}	1/3	1	1/3	1/2
V_{343}	2	1/3	2	2
V_{344}	1/2	2	1	1/3

由表 8.22 可知 $\lambda_{max} = 5.414$，$CI = 0.0217$，$RI = 0.0873$，$CR = 0.01837 < 0.1$，故通过一致性检验。

表 8.22　评价指标权重计算及一致性检验

V_{41}	V_{411}	V_{412}
V_{411}	1/2	3
V_{412}	1/3	7

由表 8.23 可知 $\lambda_{max} = 2.114$，$CI = 0.00873$，$RI = 0.00029$，$CR = 0.0117 < 0.1$，故通过一致性检验。

表 8.23　评价指标权重计算及一致性检验

V_{42}	V_{421}	V_{422}
V_{421}	2	1/2
V_{422}	1/3	1/3

由表 8.24 可知 $\lambda_{max} = 2.482$，$CI = 0.01842$，$RI = 0.001782$，$CR = 0.0084 < 0.1$，故通过一致性检验。

表 8.24　评价指标权重计算及一致性检验

V_{43}	V_{431}	V_{432}	V_{433}
V_{431}	1	1/3	2
V_{432}	1/2	1	3
V_{433}	3	1/2	1/3

由表 8.25 可知 $\lambda_{max} = 6.021$，$CI = 0.0847$，$RI = 0.0473$，$CR = 0.00097 < 0.1$，故通过一致性检验。

表 8.25　评价指标权重计算及一致性检验

V_{44}	V_{441}	V_{442}
V_{441}	9	1/2
V_{442}	1/3	1/5

由表 8.26 可知 $\lambda_{max} = 2.000$，$CI = 0$，$RI = 0 < 0.1$，$CR = 0$，故通过一致性检验。

表 8.26　评价指标权重计算及一致性检验

V_{51}	V_{511}	V_{512}
V_{511}	1	1/2
V_{512}	2	1

由表 8.27 可知 $\lambda_{max} = 3.009$，$CI = 0.005$，$RI = 0.58$，$CR = 0.0086 < 0.1$，故通过一致性检验。

表 8.27　评价指标权重计算及一致性检验

V_{52}	V_{521}	V_{522}	V_{523}
V_{521}	1	1/3	1/2
V_{522}	2	1	3
V_{523}	2	1/2	1

三、基于 AHP 和 MATLAB 的三维动态评价

由于定性指标较多，每个指标的具体数值很难直接获取。在这里通过构造动态函数的方法来确定评价指标与评价对象的关系。即假定 X 指标和 Y 指标与整体评价目标有联系或影响，则认为 Y 是 X 的一个函数，记为：$F = f(x)$。本研究通过权重与相应时点 T 对应的指标函数值 $F(T)$ 进行加权计算，从而构建出各个指标维度及总的评价指标动态函数。通过 3D MESH 输出两型农业生产体系建设政府引导机

制的五个维度加权动态函数及图形。

1. 两型农业理念培育动态评价

在两型农业理念培育中，包括政府公务员两型农业理念培育（V_{11}）、农户和农业企业两型农业理念培育（V_{12}）、社区居民和消费者两型农业理念培育（V_{13}）3 个二级指标，政府公务员两型农业的学习能力（V_{111}）、政府公务员对两型农业的认识度（V_{112}）、政府公务员对两型农业的敬重度（V_{113}）、地方政府的两型宣教投入占财政投入的比重（V_{121}）、两型农业的示范工程建设情况（V_{122}）、农户的两型农业意识指数（V_{123}）、农村绿色社区的创建率（V_{131}）、绿色消费政策法律的培训力度（V_{132}）共计 8 个评价指标，由前面计算得知，两型农业理念培育的二级相关指标的权重为 $A_1 = $（0.326，0.230，0.472），本研究通过权重与对应评价指标相应时点的对应数值进行加权计算，从而可以得到两型农业生产体系建设政府引导机制中两型农业理念培育的动态函数如图 8.1 所示。

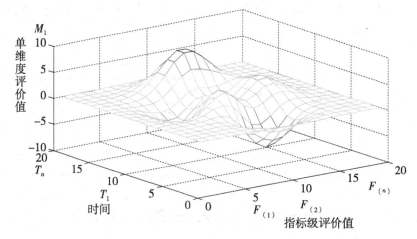

$$M_1 = 0.326 F_{11}(T) + 0.230 F_{12}(T) + 0.472 F_{13}(T)，T = T_1，T_2，T_3，\cdots，T_n$$

图 8.1　两型农业理念培育的三维动态图

2. 两型农业法律规范动态评价

在两型农业法律规范中，包括两型农业的立法（V_{21}）、两型农业的执法（V_{22}）2 个二级指标，两型农业法律法规社会覆盖面（V_{211}）、农村资源环境保护法律法规数目（V_{212}）、两型农业法律法规执行力度与效果（V_{221}）、社会公众两型农业的法律意识（V_{222}）共计4个评价指标，由前面计算得知，两型农业法律规范的二级相关指标的权重为 $A_2 =$（0.313，0.246），本研究通过权重与对应评价指标相应时点的对应数值进行加权计算，从而可以得到两型农业生产体系建设政府引导机制中两型农业法律规范的动态函数如图8.2所示。

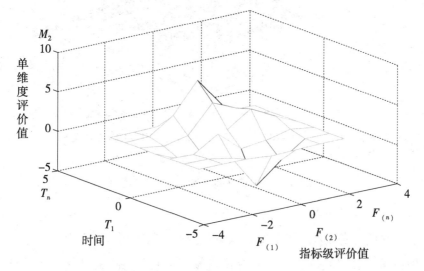

$$M_2 = 0.313F_{11}(T) + 0.246F_{12}(T)，T = T_1，T_2，T_3，\cdots，T_n$$

图8.2 两型农业法律规范的三维动态图

3. 两型农业市场激励动态评价

在两型农业市场激励中，包括两型农业的财政激励（V_{31}）、两型农业的税收激励（V_{32}）、两型农业的金融激励（V_{33}）、两型农业的价格激励（V_{34}）4个二级指标，两型农业的财政补贴力度（V_{311}）、两型农业的财政投入结构（V_{312}）、两型农业的税率（V_{321}）、两型农业的税收结构（V_{322}）、两型农业的贷款占金融贷款的比重（V_{331}）、两型农业的贷款利率（V_{332}）、化肥施用强度（折纯）（V_{341}）、农药施用强度（折纯）（V_{342}）、万元农业增加值水耗（V_{343}）、万元农业增加值能耗（V_{344}）共计10个评价指标，由前面计算得知，两型农业市场激励的二级相关指标的权重向量为 $A_3 =$（0.516，0.472，0.214，0.276），本研究通过权重与对应评价指标相应时点的对应数值进行加权计算，从而可以得到两型农业生产体系建设政府引导机制中两型农业市场激励的动态函数如图 8.3 所示。

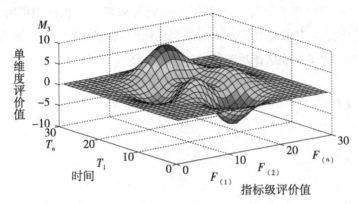

$M_3=0.516F_{11}(T)+0.472F_{12}(T)+0.214F_{13}(T)+0.276F_{14}(T)$，
$T=T_1，T_2，T_3，\cdots，T_n$

图 8.3   两型农业市场激励的三维动态图

4. 两型农业技术支撑动态评价

在两型农业技术支撑中，包括两型农业技术研究（V_{41}）、两型农业技术转化（V_{42}）、两型农业技术教育（V_{43}）、两型农业技术培训（V_{44}）4 个二级指标，两型农业技术研究经费占 GDP 比重（V_{411}）、基层农业科研部门的科研经费投入（V_{412}）、两型农业技术成果转化率（V_{421}）、两型农业产学研一体化程度（V_{422}）、农村义务教育完成率（V_{431}）、农村居民文教娱乐服务支出占家庭消费支出比重（V_{432}）、每千人农村人员中农业技术人员的比重（V_{433}）、两型农业技术培训经费占财政投入的比重（V_{441}）、两型农业技术培训人数占农村劳动力的比重（V_{442}）共计 9 个评价指标，由前面计算得知，两型农业技术支撑的二级相关指标的权重向量为 $A_4 = (0.283，0.602，0.351，0.620)$，本研究通过权重与对应评价指标相应时点的对应数值进行加权计算，从而可以得到两型农业生产体系建设政府引导机制中两型农业技术支撑的动态函数如图 8.4 所示。

5. 两型农业组织协同动态评价

在两型农业组织协同中，包括两型农业府际协同（V_{51}）、两型农

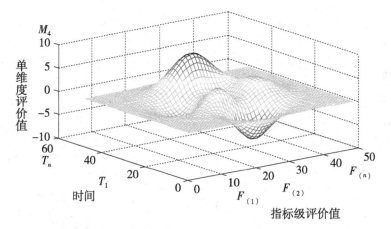

$M_4 = 0.283 F_{11}(T) + 0.602 F_{12}(T) + 0.351 F_{13}(T) + 0.620 F_{14}(T)$,
$T = T_1,\ T_2,\ T_3,\ \cdots,\ T_n$

图 8.4 两型农业技术支撑的三维动态图

业流程协同（V_{52}）2 个二级指标，中央政府与地方政府间的协同度（V_{511}）、地方政府部门之间的协同度（V_{512}）、家庭农场占农户的比重（V_{521}）、涉农企业占企业的比重（V_{522}）、农业经济合作组织占社会中介组织的比重（V_{523}）共计 5 个评价指标，由前面计算得知，两型农业组织协同的二级相关指标的权重向量为 $A_5 = (0.249, 0.613)$，本研究通过权重与对应评价指标相应时点的对应数值进行加权计算，从而可以得到两型农业生产体系建设政府引导机制中两型农业组织协同的动态函数如图 8.5 所示。

6. 两型农业生产体系建设政府引导机制综合评价动态函数

对两型农业生产体系建设政府引导机制总目标进行综合评价，包括两型农业理念培育（V_1）、两型农业法律规范（V_2）、两型农业市场激励（V_3）、两型农业技术支撑（V_4）、两型农业组织协同（V_5）共计 5 个一级评价指标，另外，还包括 15 个二级评价指标，36 个三级评价指标，由前面计算可知，两型农业生产体系建设政府引导机制综合评价的一级相关指标的权重向量为 $A = (0.152, 0.214, 0.098, 0.351, 0.142)$，本研究通过权重与对应评价指标相应时点的对应数值进行加权计算，从而可以得到两型农业生产体系建设政府引导机制

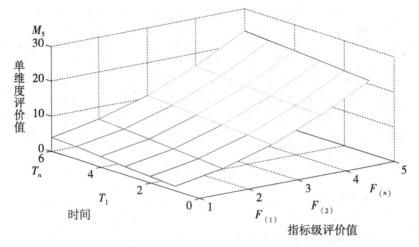

$$M_5 = 0.249 F_{11}(T) + 0.613 F_{12}(T), \quad T = T_1, T_2, T_3, \cdots, T_n$$

图8.5 两型农业组织协同的三维动态图

综合评价的动态函数如下：

$$M = 0.152 F_{11}(T) + 0.214 F_{12}(T) + 0.098 F_{13}(T) +$$
$$0.351 F_{14}(T) + 0.142 F_{15}(T), \quad T = T_1, T_2, T_3, \cdots, T_n$$

由于两型农业生产体系建设政府引导机制综合评价涉及的评价维度和评价函数比较多，其动态图形比较复杂，在这里就不再列出具体的综合评价动态图形。

第四节　基于灰色关联度和 MATLAB 的综合三维动态评价

关联度是表征两个事物的关联程度。基于灰色关联度的灰色综合评价法是利用各方案与最优方案之间关联度的大小对评价对象进行比较、排序[1]。作为一个发展变化的系统，关联度分析实际是动态过程发展态势的量化分析。因此，基于灰色关联度和 MATLAB 的评价方法适合对两型农业生产体系建设政府引导机制进行综合动态评价。

---

[1]　杜栋、庞庆华、吴炎：《现代综合评价方法与案例精选》，清华大学出版社2015年版，第112页。

一、灰色关联度评价的模型和步骤

灰色关联度评价的模型和步骤如下：

（1）确定最优指标集（u_0）

设 $u_0 = (f_{01}, f_{02}, \cdots, f_{0m})$，而

$$f'_{ij} = \frac{f_{ij}}{f_{0j}} = \frac{f_{ij}}{\max\limits_{k} f_{kj}}$$

（2）指标值的规范化处理

由于评判指标通常有不同的量纲和数量级，故不能直接进行比较，为了保证结果的可靠性，需要对原始指标值进行无量纲值规范处理。

（3）计算灰色关联度

规范化处理后有 $u_0 = (1, 1\cdots, 1)$，评价方案 u_i 的评价指标 v_j 与相对最优方案 u_0 的评价指标 v_j 之间的灰色关联度为：

$$r_{ij} = \frac{\xi \max\limits_{i} \max\limits_{j} |f_{ij} - 1|}{|f_{ij} - 1| + \xi \max\limits_{i} \max\limits_{j} |f_{ij} - 1|}$$

上式中 $\xi \in (0, 1)$ 为分辨系数，可人为确定，一般取 0.5；$i = 1, 2, \cdots, m$；$j = 1, 2, \cdots, n$。

（4）计算综合评判结果

根据灰色系统理论，$m \times n$ 个构成方案多目标决策的灰色关联度矩阵为：

$$r = \begin{bmatrix} r_{11} & r_{12} & \cdots & r_{1n} \\ r_{21} & r_{22} & \cdots & r_{2n} \\ \vdots & \vdots & & \vdots \\ r_{m1} & r_{m2} & \cdots & r_{mn} \end{bmatrix} = (r_{ij})_{m \times n}$$

n 个评价指标相对于总目标的权重向量 $W = (w_1, w_2, \cdots, w_n)$，则各评价方案 u_i 与相对最优方案 u_0 的加权关联度 r_i 组成关联矢量 r'：

$$r' = rW = (r_1, r_2, \cdots, r_i, \cdots, r_m)$$

$$r_i = \sum_{j}^{n} r_{ij} w_j \qquad i = 1, 2, \cdots, m$$

上式中，r_i 越大，说明评价方案 u_i 越接近相对最优方案 u_0，即第 i 个方案优于其他方案，据此，可以排出各方案的优劣次序。

二、基于灰色关联度的两型农业生产体系建设政府引导机制评价

为了使评价达到预期目的，本章选取具体的样本对两型农业生产体系建设政府引导机制的发展状况进行实证分析。在样本选取上，确定拟选取的对象为我国 31 个省、自治区、直辖市及其所形成的六个大区，即东北地区、华北地区、西北地区、华中地区、华东地区、西南地区。在实证分析评价方法的选择上，结合两型农业生产体系建设政府引导机制的特性，采用多层次灰色评价法对两型农业生产体系建设政府引导机制进行实证评价分析。本研究使用华东地区 2009 年两型农业生产体系建设政府引导机制的发展状况做相对最优指标集进行评价分析，并以此类推，得到其他区域各年份两型农业生产体系建设政府引导机制的发展水平及效能水平。实证评价分析步骤如下：

1. 建立层次结构模型

根据多层次灰色评价法，将两型农业生产体系建设政府引导机制的评价指标系统分为 4 个层次：目标级（G）、一级（系统级）指标 V_m、二级（层次级）指标 V_{mn} 以及三级（指标级）指标 V_{mnz}。S 代表受评对象的综合评价值，V 代表一级指标 V_m 组成的集合，记为 $V = \{V_1, V_2, \cdots, V_m\}$；$V_n$ 代表二级指标 V_{mn} 组成的集合，记为 $V_n = \{V_{m1}, V_{m2}, \cdots, V_{mn}\}$；$V_{mn}$ 代表三级指标 V_{mnz} 组成的集合，记为 $V_{mn} = \{V_{mn1}, V_{mn2}, \cdots, V_{mnz}\}$。

2. 确定各层次评价指标权重

具体操作方法是设计专家调查表，通过专家对两两指标进行比较建立判断矩阵（见表 8.28）。

表 8.28 两两相对比较判断矩阵

G	V_1	V_2	V_3	$\cdots$	V_m
V_1	1	A_{12}	A_{13}	$\cdots$	A_{1m}
V_2	A_{21}	1	A_{23}	$\cdots$	A_{2m}
V_3	A_{31}	A_{32}	1	$\cdots$	A_{3m}
$\cdots$	$\cdots$	$\cdots$	$\cdots$	$\cdots$	$\cdots$
V_m	A_{m1}	A_{m2}	A_{m3}	$\cdots$	1

求出上述判断矩阵的相应最大特征值的特征向量，经归一化处理后，就得到各指标在各自层面上的权数。设一级指标对目标层的权重向量为 $A = (w_1, w_2, \cdots, w_n)$（其中 n 为一级指标的个数），二级指标对第 i 个一级指标的权重向量为 $A_n = (w_{n1}, w_{n2}, \cdots, w_{nm})$（其中 m 为第 n 个一级指标的二级指标个数），$A_{mn} = (w_{mn1}, w_{mn2}, \cdots, w_{mnz})$（其中 z 表示第 mn 个二级指标的三级指标个数）。

3. 确定三级评价指标 w_{mnz} 的评分等级

评价指标 w_{mnz} 中有些指标是定性指标，有些指标是定量指标；有些指标之间可以相互比较，有些则不可以。为了消除指标间的这种差异，达到综合要求，可以通过确定评价指标评分等级标准来实现，见表 8.29。

表 8.29 两型农业生产体系建设政府引导机制指标评分等级标准

评分	5.0~4.0	4.0~3.0	3.0~2.0	2.0 以下
评价指标	强	较强	中等	弱

4. 组织专家评分

组织评价专家根据各指标实测值和经验对两型农业生产体系各影响因素 w_{mnz} 按照评分等级标准进行打分，并填写评价专家评分表。

5. 求评价样本矩阵

设 p 个评分专家，指标 w_{mnz} 个数为 x 个，第 q（$q = 1, 2, \cdots, p$）个专家对指标 w_{mnz} 的评分为 A_{mnzp} 受评对象 $n \times p$ 阶的评价样本矩阵 D。

6. 确定评价灰类

设评价灰类序号为 b（$b = 1, 2, \cdots, g$），选用一定的白化权函数来描述灰类。

7. 计算灰类系数

评价指标 w_{mnz} 属于第 b 个评价灰类的灰色评价系数，记为 V_{mnzd}，属于各个评价灰类的总灰色评价系数，记为 V，则有：

$$V_{mnzd} = \sum f_d(\boldsymbol{D}_{mnzq}), q \in [1,p]$$

8. 计算灰色评价权向量及权矩阵

所有专家对评价指标 V_{mnz} 主张第 b 个灰类的灰色评价权记为 $\boldsymbol{R}_{mnzd}$，则有 $\boldsymbol{R}_{mnzd} = V_{mnzd}/V_{mnz}$。考虑到评价灰类有 g 个，即 $d = 1, 2, \cdots, g$，则评价指标 V_{mnz} 对于各灰类的灰色评价权向量为 $\boldsymbol{R}_{mnz} = (\boldsymbol{R}_{mn1}, \boldsymbol{R}_{mn2}, \cdots, \boldsymbol{R}_{mnzg})$，从而得到三级指标 V_{mnz} 对于各评价灰类的灰色评价权矩阵，具体如下：

$$\boldsymbol{R}_{mn} = \begin{bmatrix} \boldsymbol{r}_{mn1} \\ \boldsymbol{r}_{mn2} \\ \cdots \\ \boldsymbol{r}_{mny} \end{bmatrix} = \begin{bmatrix} r_{mn11} & r_{mn12} & \cdots & r_{mn1g} \\ r_{mn21} & r_{mn22} & \cdots & r_{mn2g} \\ \vdots & \vdots & & \vdots \\ r_{mny1} & r_{mny2} & \cdots & r_{mnyg} \end{bmatrix}$$

9. 对 V_{mn} 做综合评价

其综合评价结果可记作 $\boldsymbol{A}_{mn}$，则有 $\boldsymbol{A}_{mn} = \boldsymbol{B}_{mn} * \boldsymbol{R}_{mn} = (A_{mn1}, A_{mn2}, \cdots, A_{mng})$。

10. 对 V_m 做综合评价

由 V_m 的综合评价结果 $\boldsymbol{A}_{mn}$，得出 V_m 对于各评价灰类的灰色评价权矩阵为：

$$\boldsymbol{R}_n = \begin{bmatrix} \boldsymbol{A}_{n1} \\ \boldsymbol{A}_{n2} \\ \vdots \\ \boldsymbol{A}_{ny} \end{bmatrix} = \begin{bmatrix} a_{n11} & a_{n12} & \cdots & a_{n1g} \\ a_{n21} & a_{n22} & \cdots & a_{n2g} \\ \vdots & \vdots & & \vdots \\ a_{ny1} & a_{ny2} & \cdots & a_{nyg} \end{bmatrix}$$

于是，可对 V_n 做综合评价，其综合评价结果记为 $\boldsymbol{A}_n$，则有 $\boldsymbol{A}_n = \boldsymbol{B}_n * \boldsymbol{R}_n = (A_{n1}, A_{n2}, \cdots, A_{ng})$。

11. 对 V 做综合评价

由 V_m 的综合评价结果 A_m，得出 X 对于各评价灰类的灰色评价权矩阵为：

$$R = \begin{bmatrix} A_1 \\ A_2 \\ \vdots \\ A_y \end{bmatrix} = \begin{bmatrix} a_{11} & a_{12} & \cdots & a_{1g} \\ a_{21} & a_{22} & \cdots & a_{2g} \\ \vdots & \vdots & & \vdots \\ a_{y1} & a_{y2} & \cdots & a_{yg} \end{bmatrix}$$

于是，可对 X 做综合评价，其综合评价结果记为 A，则有 $A = B * R = (A_1, A_2, \cdots, A_g)$。

12. 按取值最大原则确定受评对象所属灰类等级，计算综合评价值 $G = A * C^{T}$

参考灰类等级，得出各区域两型农业生产体系建设政府引导机制整体状况的评价结果。

按照上述步骤，本研究获得的两型农业生产体系建设政府引导机制总灰类评价数为 $X_{111} = 5 + 4.012 + 1.297 + 0 = 10.309$。

同理，求得其他受评指标的灰色评价系数和总灰色评价系数如表 8.30 所示。

表 8.30　两型农业生产体系建设政府引导机制评价指标
灰色评价系数及总灰色评价系数

序号	指标	F_1	F_2	F_3	F_4	总灰色评价系数
1	V_{111}	5.0000	4.0120	1.2970	0.0000	10.3090
2	V_{112}	4.1300	2.7360	4.7361	2.0133	13.6154
3	V_{113}	3.2346	2.3417	3.0142	4.1304	12.7209
4	V_{121}	2.1340	3.7566	3.6874	3.7423	13.3203
5	V_{122}	5.0000	2.3674	3.2146	0.3146	10.8966
6	V_{123}	3.2463	4.0127	3.2104	3.2187	13.6881
7	V_{131}	4.2535	3.7457	2.3564	0.2125	10.5681
8	V_{132}	5.0000	2.3674	0.2156	4.5765	12.1595
9	V_{211}	4.1396	3.2436	4.0124	0.0000	11.3956

序号	指标	F_1	F_2	F_3	F_4	总灰色评价系数
10	V_{212}	4.3621	0.0000	3.2367	4.3627	11.9615
11	V_{221}	4.2357	2.3469	4.1237	3.6798	14.3861
12	V_{222}	3.2136	4.2357	0.0000	3.3455	10.7948
13	V_{311}	1.0234	5.0000	4.0123	3.2406	13.2763
14	V_{312}	0.0000	4.2637	3.6987	4.2367	12.1991
15	V_{321}	5.0000	2.3187	2.3548	4.3578	14.0313
16	V_{322}	2.3647	3.6457	0.5698	4.2375	10.8177
17	V_{331}	5.0000	2.3055	1.2635	4.3201	12.8891
18	V_{332}	0.0000	2.3545	4.3215	4.3115	10.9875
19	V_{341}	1.0236	4.0136	4.0345	3.3226	12.3943
20	V_{342}	2.3415	4.3265	2.3214	3.2364	12.2258
21	V_{343}	4.3255	4.3521	2.3219	0.0000	10.9995
22	V_{344}	3.3245	3.3214	2.3156	5.0000	13.9615
23	V_{411}	4.3511	0.0000	4.3652	3.2154	11.9317
24	V_{412}	1.3351	2.3654	4.3251	3.6617	11.6873
25	V_{421}	3.3564	4.3654	2.3645	0.0000	10.0863
26	V_{422}	5.0000	1.3524	2.6971	3.3541	12.4036
27	V_{431}	2.3545	2.6398	0.4741	4.6352	10.1036
28	V_{432}	1.8524	2.6845	3.8414	4.8244	13.2027
29	V_{433}	3.8684	4.6586	2.6871	1.5371	12.7512
30	V_{441}	1.5387	2.5387	4.6371	4.5381	13.2526
31	V_{442}	0.5635	5.0000	2.5345	2.7574	10.8554
32	V_{511}	2.5637	3.4274	4.2367	3.4574	13.6852
33	V_{512}	2.5375	5.0000	0.1244	2.5387	10.2006
34	V_{521}	0.5637	5.0000	2.5370	4.5374	12.6381
35	V_{522}	1.5354	2.5387	5.0000	3.4247	12.4988
36	V_{523}	0.5635	5.0000	2.5345	2.7574	10.8554

获得灰色评价系数后，所有专家对评价指标 X_{nmy} 主张第 d 个灰类的灰色评价权记为 R_{mnzd}，则有 $R_{mnzd} = W_{mnzd}/W_{mnz}$。得出各灰类的灰色评价权为：

$$d = 1, V_{1111} = 5/10.309 = 0.4850$$

$$d = 2, V_{1112} = 4.012/10.309 = 0.3892$$

$$d = 3, V_{1113} = 1.297/10.309 = 0.1258$$

$$d = 4, V_{1114} = 0.0000/10.309 = 0.0000$$

所以，受评指标 V_{111} 对于各灰类的灰色评价权向量为 $V_{111} = (0.4850, 0.3892, 0.1258, 0.0000)$，同理可得，$V_{112} = (0.3742, 0.2871, 0.3019, 0.1228)$，$V_{113} = (0.3680, 0.3016, 0.2814, 0.0192)$，从而得到受评指标 V_{mnz} 对于各评价灰类的灰色评价矩阵 R_{11}：

$$R_{11} = \begin{bmatrix} r_{111} \\ r_{112} \\ r_{113} \\ r_{114} \end{bmatrix} = \begin{bmatrix} 0.1271 & 0.2184 & 0.0000 & 0.4107 \\ 0.2104 & 0.1782 & 0.3624 & 0.1782 \\ 0.3200 & 0.2169 & 0.4100 & 0.2416 \\ 0.1400 & 0.3201 & 0.2400 & 0.0000 \end{bmatrix}$$

同理可得，其他受评指标对于各评价灰类的灰色评价权矩阵。

构造各评价灰类的灰色评价权矩阵后，就可以对 V_{mn} 作综合评价。其综合评价结果可记作 A_{mn}，则有 $A_{mn} = B_{mn} * R_{mn} = (A_{mn1}, A_{mn2}, \cdots, A_{mng})$。因此，对 V_{11}，其综合评价结果为：

$$A_{11} = B_{11} * R_{11} = (0.4203, 0.3128, 0.2147, 0.0928)$$

同样，依照上述方法，可以得到：

$$A_{12} = (0.4326, 0.3214, 0.2114, 0.1105)$$

$$A_{13} = (0.4172, 0.2451, 0.1687, 0.0098)$$

$$A_{21} = (0.3946, 0.2541, 0.1143, 0.1023)$$

$$A_{22} = (0.3521, 0.1287, 0.3246, 0.0092)$$

$$A_{31} = (0.4123, 0.2803, 0.2104, 0.0036)$$

$$A_{32} = (0.3972, 0.3642, 0.2316, 0.0078)$$

对 V_{mn} 做综合评价后就可以对 V_m 做综合评价，其综合评价结果记为 A_m，则有 $A_m = B_m * R_m = (A_{m1}, A_{m2}, \cdots, A_{mg})$。因此，对 V_1，其综合评价结果为：

$$A_1 = B_1 * R_1 = (0.4714, 0.3025, 0.1986, 0.1762)$$

同理可求得，

$$A_2 = (0.4012, 0.3024, 0.2274, 0.0908)$$

$$A_3 = (0.3920, 0.3176, 0.2107, 0.1007)$$

$$A_4 = (0.4208, 0.3207, 0.2130, 0.1273)$$

$$A_5 = (0.3761, 0.3012, 0.2073, 0.1011)$$

对 V_m 做综合评价后就可以综合评价 V，结果记为 A，则有 $A = B * R = (A_1, A_2, \cdots, A_g)$。因此，对 V，其综合评价结果为：

$$A = (0.4571, 0.34364, 0.2774, 0.0782),$$

综合评价 V 后就可以计算综合评价值，因各评价灰类等级值化向量 $C = (5.0, 4.0, 3.0, 2.0)$，所以，华东地区 2009 年两型农业生产体系的综合评价值为：

$$S = A * C^{\mathrm{T}} = (0.4571, 0.34364, 0.2774, 0.0782) *$$
$$(5.0, 4.0, 3.0, 2.0) = 3.4063$$

三、基于灰色关联度和 MATLAB 的两型农业生产体系建设政府引导机制综合三维动态评价

通过上述灰色关联分析评价法，本研究对两型农业生产体系建设政府引导机制的五个维度进行了综合评价分析，得到各区域不同年份的灰度综合评价值。由于整体动态函数比较复杂，所以通过运用 MATLAB 软件，结合两型农业生产体系建设政府引导机制实证分析灰

度综合评价值，从而构建其三维动态评价图，如图 8.6 所示：

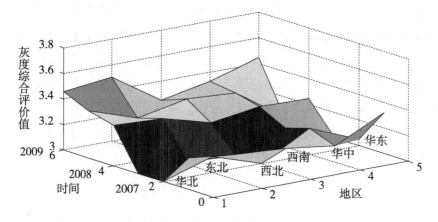

图 8.6　各地区两型农业生产体系建设政府引导机制综合评价动态图

从各区域五个评价维度来看，各地区两型农业生产体系建设政府引导机制发展呈现不同的发展趋势和发展特征，具体情况如下：

（1）按照上述评价模型和评价指标灰度的分类标准可知，我国华东、华北、华中地区两型农业生产体系建设政府引导机制发展水平相对较好，而我国东北、西北与西南地区两型农业生产体系建设政府引导机制的整体发展状态相对较差。各区域按时间序列分析在逐年提高，由于华中地区两型示范试验区对制度环境的创新力度较大，对两型农业生产体系起着显著的促进作用，所以华中地区发展较快。

（2）各地区两型农业生产体系建设政府引导机制的发展和运行受区域性影响较大。由于各个地区观念价值、科研基础、技术播散能力、法制建设、信息平台、组织协同、教育与培训水平、经济社会发展水平等方面存在着较大差异，因此，两型农业生产体系建设政府引导机制的发展水平及效能水平也就不同。由于华东、华北、华中等地区基础条件比较好，其两型农业生产体系建设政府引导机制发展水平相对较高，西北地区、东北地区与西南地区相对经济发展水平较低，观念价值、技术播散能力、教育与培训水平、法制建设、组织协同、信息平台、经济社会发展水平等方面相对滞后。

（3）各地区要根据本地实际情况对两型农业生产体系建设政府引导机制方面进行调整。华东、华北、华中地区两型农业生产投入大、研发力度大、教育与培训机制相对完善并有一定实效、农业行为主体的参与意识较高、两型科技创新成果转化率较好、两型农业生产体系成果信息交流平台较完善、农户和涉农企业参与两型农业生产体系建设的意识与素质较高。同时，这些地区在公共研究机构与私人研究机构的合作以及合作的成果方面取得了显著成效。而西北地区、东北地区与西南地区需要在两型农业观念价值、技术播散能力、教育与培训水平、法制建设、组织协同、信息平台、两型农业投入等方面进一步加强。

结　　论

　　人类农业经历 10000 余年发展，已从原始农业、传统农业发展到现代农业。发达国家的现代农业发展约始于 18 世纪末 19 世纪初，20 世纪 60—70 年代基本完成。现代农业可以理解为近 300 年来西方发达国家不断将现代工业、现代科学技术和现代管理方法大规模地应用于农业而发展起来的资本、技术和能源密集型农业。因为大量使用以石油产品为动力的农业机械及石油制品为原料的化肥、农药等农用化学品，机械化和化学化是其共同特点。因此，它在当代西方被简称为"工业式农业"或"石化农业"。现代"石化农业"把农药化肥、大规模的单一种植、大型机械等工业化农业生产当作解决人类生存和发展的必然选择。但现代"石化农业"发展至今，越来越多的人开始意识到现代石化农业步入了不可持续的死胡同。

　　中国是后发展国家，在走向现代化的过程中基本沿袭了西式现代农业的发展模式。但我国农业发展目前面临资源环境的约束。现实表明，要想破解我国农业发展面临的资源环境约束，不能再走西式国家大规模、高产出、高消耗、高污染的工业化农业道路。那么未来我国农业的发展之路如何行？中共中央在第十七届中央委员会第三次全体会议上正式提出"资源节约型、环境友好型农业"（简称两型农业）。这为破解我国农业发展面临的两难困局指明了前进方向。

　　政府对农业进行支持保护和引导成了世界普遍性的现象。资源节约型、环境友好型农业生产体系建设是一项复杂、庞大的系统工程，其建设需要政府、涉农企业、农户、农业经济合作组织、社区和环保非政府组织等多主体的共同努力。政府介入两型农业生产体系建设已成为当前我国两型农业生产体系建设研究中的共识。政府是两型农业生产体系建设的重要主体，但不是唯一主体，它需要在与市场、社会的互动中解决两型农业生产体系建设问题。只有恰当区分政府与市场、社会的边界，政府才能真正找准调控和引导两型农业生产体系建设的着力点，形成政策的累积效应。基于此，政府引导机制研究对于两型农业生产体系建设将产生深刻影响。

本研究首次从多功能视角和后现代视角阐释两型农业生产体系的内涵，赋予其新的意蕴。同时，梳理了两型农业、传统农业、现代农业及"替代农业"形态的关系，尤其提出了两型农业是传统农业和现代农业的有机整合，"替代农业"只是两型农业表现形态的观点。并将两型农业的实践形式和表现形态归结为三种主要发展模式：有机精致农业发展模式、生态综合农业发展模式和休闲观光农业发展模式。

本研究首次对我国农户从事两型农业生产体系建设的自为与他励进行了实证比较研究。通过对我国农户从事两型农业生产体系建设自为与他励的实地调查和个案分析得出：由于缺少两型农业发展规划和法律法规支持、政府支持力度不够，农户自为从事两型农业生产体系建设的意向低下，两型农业生产体系难以建立和发展；由于政府的成功引导，激活了遂昌乡村，激活了生态、文化元素，并使发展原生态生产成为遂昌农民的自觉行动。

本研究梳理了中国两型农业生产体系建设政府引导的探索和不足，首次分析了中国两型农业生产体系建设政府引导的制约因素。认为当前我国两型农业生产体系建设政府引导的制约因素主要是两型农业的劳动力制约、两型农业的技术制约、两型农业的组织制约、两型农业的资金制约、两型农业的制度制约。

本研究首次提出和论证中国两型农业生产体系建设政府引导机制理论体系，提出了中国两型农业生产体系建设政府引导机制构建的培育要素和支持系统，即两型农业理念培育机制、两型农业法律规范机制、两型农业市场激励机制、两型农业技术支撑机制和两型农业组织协同机制。

本研究首次构建了中国两型农业生产体系建设政府引导机制的评价体系和评价方法。通过运用灰色关联度法、DEA 分析法及 MATLAB

三维动态模型，对各个影响因素进行精确分析，对不同区域政府引导的效果进行分析评价，形成对不同农村区域政府引导机制有效性的判断依据等，为改进政府引导机制提供了决策支持。

本研究对中国两型农业生产体系建设政府引导机制原创和原理性的系统研究，具有学科建设价值和建设中国美丽新农村的实践价值。对中国农村、农业、农民和整个社会的可持续发展有重要的牵引和指导价值。

两型农业生产体系建设政府引导机制的研究和构建尚处于初始阶段。本文的研究虽然做了力拓，但该创新是一项集政治学、经济学、管理学、社会学、生态学、法学、哲学于一体的系统工程，研究的完整性与完美性未能尽达，有的甚至受体制的制约与阻抗。只能通过后续的系列研究，来达到更加臻善的程度。

附录 两型农业生产体系 建设农户调查问卷

尊敬的农户：

您好！我们正在对两型农业生产体系建设的相关问题进行调研，我们保证，我们的调研不会对您产生任何不利影响，而您对相关问题的看法将影响我们的调研结果，请根据您的实际情况填答这份问卷，以保证研究结果的真实性，从而为解决相关问题提出正确建议。衷心感谢您的合作与支持！

调查人姓名：＿＿＿＿＿＿＿＿＿ 被调查者姓名：＿＿＿＿＿＿＿

调查日期：＿＿＿＿＿＿＿＿＿

详细住址：＿＿＿＿＿＿县＿＿＿＿＿乡（镇）＿＿＿＿＿村

联系电话：＿＿＿＿＿＿＿＿＿＿＿＿

一、家庭主劳动力基本情况

1. 主劳动力的性别是：＿＿＿＿＿＿

（1）男 （2）女

2. 主劳动力的年龄是：＿＿＿＿＿＿

从事农业劳动年数是：＿＿＿＿＿＿

3. 主劳动力受教育程度：＿＿＿＿＿＿

（1）小学及以下 （2）初中 （3）高中 （4）大专及以上

二、农户农业生产情况

4. 您经营的耕地去年的耕作制度是＿＿＿＿＿＿

（1）油—稻—稻 （2）麦—稻—稻 （3）麦—瓜—稻

（4）麦—稻 （5）油菜—稻 （6）稻—稻

（7）稻 （8）绿肥—稻—稻 （9）其他

5. 您去年使用化肥_____公斤，使用农药_____元，使用农膜_____公斤。

6. 您家有农用生产机械_____台，价值_____元。

您家有享受农机具补贴的农用生产机械吗？_____

（1）有 （2）没有

7. 您家年总收入为_____。

（1）1 万元以下 （2）1 万~2 万元 （3）2 万~3 万元

（4）3 万~4 万元 （5）5 万元以上，其中种植业收入占全家年收入的百分比是_____，

（1）100% （2）70% （3）40%~60% （4）30% 以下

（5）0%，非农业收入（如务工或帮工收入）_____元，其他收入_____元。

8. 您家全年政策性收入_____元。

其中，良种补贴_____元，粮食直补_____元，农机具购置补贴_____元，农资综合直补_____元，其他补贴_____元。

9. 您掌握了以下哪些农业技术？_____

a. 您是否采纳免耕技术？_____

（1）是 （2）否

您在农作物播种前整理土地吗？_____

（1）是 （2）否

您在农作物播种后使用农具进行土壤管理吗？_____

（1）是 （2）否

您在播种或移栽前后利用化学除草剂灭茬吗？_____

（1）是 （2）否

注：如果上述三项回答均为是，则采纳免耕技术。

b. 您家稻田是否采用轮作技术？_____

（1）是 （2）否

c. 您在种稻过程中施用有机肥吗？_____

（1）是 （2）否

近几年有人为你的稻田测过土吗？_____

（1）有　　　（2）没有

近几年有人为你施肥提供配方吗？_____

（1）有　　　（2）没有

如果有，为施肥提供配方的主体是_____

（1）农技推广站　　（2）农业企业或公司　　（3）农业合作组织

（4）个体　　　　　（5）其他

您采用测土后的配方了吗？_____

（1）有　　（2）没有

采用或没有采用的原因是_____

d. 您家种稻过程中秸秆还田与否？_____

（1）还田　　（2）没有还田

如果还田，还田的量为_____

（1）全部还田　　（2）一半还田

（3）三分之一还田，还田的方式为_____

（1）用机器打碎还田　　（2）堆肥

（3）牛或猪过腹还田　　（4）覆盖还田

如果不还田，处理的方式为_____

（1）作为薪柴　　（2）丢弃　　　（3）田间焚烧

（4）出售　　　　（5）生产沼气　　（6）喂家畜

10. 您接受过农业技术指导吗？_____

（1）有　　（2）没有

如果有，提供农业技术指导的单位或组织是_____

（1）农业技术推广站　　　　　（2）农业企业

（3）农业协会或农业合作组织　　（4）农资经营销售部门

（5）农业科研机构或农业院校　　（6）其他

接受技术指导后您的施肥喷药量_____

（1）增加　　（2）减少　　（3）没有改变

11. 您对农业技术指导满意吗？_____

（1）非常满意　　（2）满意　　（3）没有满意也没有不满意

（4）不满意　　（5）非常不满意

如果不满意，原因是_____

12. 据您所知，当地（1）是_____（2）否_____（请打"√"）已经有农业合作经济组织（合作社或专业协会等），您（1）是_____（2）否_____（请打"√"）已经参加某个合作社（或专业协会等）。

如果是，您参加的合作社主要提供哪些服务（可多选)?_____

（1）资金支持；（2）生产技术辅导；（3）产品销售；（4）质量检验；（5）优质种苗；（6）统一购买合格生产资料；（7）政策宣传；（8）没有提供服务；（9）其他：_____。

如果否，您近期（1）是_____（2）否_____（请打"√"）准备参加某个合作社? 您没有（或不准备）参加合作社的原因是（可多选）：_____

（0）不存在；（1）不了解；（2）只是个形式，基本利益没有保障；（3）组织内产品价格相对较低；（4）浪费时间，还要缴费；（5）自己的规模太小，对方不感兴趣；（6）其他，如：_____。

13. 据您所知，当地（1）是_____（2）否_____（请打"√"）已经有农业龙头企业（或订单农业），您（1）是_____（2）否_____（请打"√"）已经参加某个农业龙头企业?

如果是，您参加的龙头企业主要提供哪些服务（可多选)?_____

（1）没有提供服务；（2）生产技术辅导；（3）产品销售；（4）质量检验；（5）优质种苗；（6）统一购买合格生产资料；（7）资金支持；（8）政策宣传；（9）其他：_____。

如果否，您近期（1）是_____（2）否_____（请打"√"）准备参加某个龙头企业? 您没有（或不准备）参加龙头企业（或订单农业）的原因是（可多选）：_____

（0）不存在；（1）不了解；（2）手续太复杂；（3）产品收购价格相对较低；（4）只是个形式，基本利益没有保障；（5）自己的规模太小，对方不感兴趣；（6）其他，如：_____。

14. 据您了解，当地（1）是_____（2）否_____（请打

"√") 举办过有关两型农业的宣传或技术培训活动? 如果举办过, 近5 年当地大约举办过＿＿＿＿＿＿＿次, 您参加过＿＿＿＿＿＿＿次, 您知道 (或参加) 的宣传或技术培训, 是由＿＿＿＿＿＿＿＿举办的 (可多选):

(1) 政府科技推广部门; (2) 合作社; (3) 龙头企业; (4) 村委会; (5) 生产资料供应商; (6) 绿色环保志愿者或非政府组织; (7) 其他: ＿＿＿＿＿＿＿。

您觉得宣传或培训效果: ＿＿＿＿＿＿＿

(1) 很好; (2) 较好; (3) 一般; (4) 较差; (5) 很差; (6) 未参与或不清楚

如果没有举办过, 您 (1) 是＿＿＿＿＿＿＿ (2) 否＿＿＿＿＿＿＿ (请打"√") 希望参加相关宣传或技术培训?

15. 您 (1) 是＿＿＿＿＿＿＿ (2) 否＿＿＿＿＿＿＿ (请打"√") 已经选择 (或准备选择) 两型农业发展模式?

如果拒绝选择两型农业, 您的理由是 (可多选): ＿＿＿＿＿＿＿

(1) 不太了解; (2) 没有技术; (3) 资金不足; (4) 经济效益并不高; (5) 投入比较大; (6) 投入回收期比较长; (7) 政府扶持不到位; (8) 规模太小; (9) 其他: ＿＿＿＿＿＿＿。

如果选择两型农业, 请您接着回答以下问题:

15.1 您选择的两型农业发展模式是 (可多选): ＿＿＿＿＿＿＿

(1) 以沼气为纽带, 种养结合 (如猪—沼—果/作物); (2) 稻—鸭共育模式; (3) 生态养殖; (4) 花卉苗木生态农业; (5) 竹产业开发; (6) 食用菌生物链循环模式; (7) 设施生态农业模式; (8) 无公害或绿色食品和有机食品开发; (9) 生态旅游农业; (10) 能源农业与生物质能开发; (11) 其他: ＿＿＿＿＿＿＿。

15.2 您家选择以上两型农业发展模式的理由是 (可多选): ＿＿＿＿

(1) 收入较高; (2) 有技术优势; (3) 可以节约成本; (4) 政府推广、扶持; (5) 龙头企业带动; (6) 合作社带动; (7) 周围有很多人采用; (8) 生态环境效益好; (9) 资源比较丰富; (10) 多年相关生产实践; (11) 其他: ＿＿＿＿＿＿＿。

15.3 除自然灾害外, 选择两型农业发展模式后, 您最担心的是

（可多选）：＿＿＿＿＿＿＿＿

（1）成本太高；（2）没有技术；（3）产品（或服务）没有市场；（4）收入不高；（5）投入回收期比较长；（6）政府扶持政策改变；（7）劳动力不足；（8）规模太小；（9）其他：＿＿＿＿＿＿＿＿。

16. 您家生活垃圾处理方式为＿＿＿＿＿＿

（1）随意丢弃 （2）送垃圾收集点 （3）分类回收

（4）沤肥还田 （5）焚烧

17. 您家生活废水处理方式为＿＿＿＿＿＿

（1）直接排放 （2）经下水道排放 （3）经阴沟排放

（4）其他

18. 您家畜禽粪便处理方式为＿＿＿＿＿＿

（1）直接排放 （2）还田做农家肥 （3）生产沼气

（4）其他

19. 您家农药瓶或包装处理方式为＿＿＿＿＿＿

（1）就地扔掉 （2）当废品卖掉 （3）给回收的厂家

（4）焚烧 （5）其他

20. 您家农膜处理方式为＿＿＿＿＿＿

（1）就地扔掉 （2）重复利用 （3）卖给废品收购站

（4）焚烧 （5）深埋

三、农户两型农业生产体系的认知情况

21. 您（1）是＿＿＿＿＿＿（2）否＿＿＿＿＿＿（请打"√"）听说过"两型农业"？如果听说过，请问您的信息来源主要是（可多选）：＿＿＿＿＿＿＿＿

（1）电视；（2）报纸；（3）收音机；（4）亲朋好友；（5）农技推广服务部门；（6）村委会；（7）科技期刊；（8）科研部门；（9）高等院校；（10）合作社；（11）龙头企业；（12）农产品展销会；（13）生产资料供应商；（14）网络网吧；（15）其他：＿＿＿＿＿＿＿＿。

22. 与传统农业生产方式相比，您（1）是＿＿＿＿＿＿（2）否＿＿＿＿＿＿（请打"√"）觉得采用两型农业发展模式能够获得更大的经济效益？（1）是＿＿＿＿＿＿（2）否＿＿＿＿＿＿（请打"√"）更有利于生态环境的改善？

23. 您知道化肥农药用量过多会使河里的水遭受污染、空气质量下降吗？_____

（1）知道　（2）不知道

24. 您知道施氮肥使土壤板结、降低产量吗？_____

（1）知道　（2）不知道

您对您周围的环境关注吗？_____

（1）非常不关注　（2）不关注　（3）一般　（4）比较关注

（5）非常关注

25. 您在生产中会考虑对环境的影响吗？_____

（1）不会考虑　（2）很少考虑　（3）不影响收入会考虑

（4）会考虑　（5）考虑得较多

26. 您觉得政府在两型农业建设中的作用主要是（可多选）：_____

（1）宣传发动；（2）政策引导；（3）技术服务；（4）资金扶持；（5）质量检测与产品认证；（6）制定发展规划；（7）规范市场（优质优价）；（8）价格保护；（9）信息收集与发布；（10）其他：_____。

再次感谢您的支持和合作！

参考文献

一、中文译著类

1. 富兰克林·H. 金. 四千年农夫：中国、朝鲜和日本的永续农业 [M]. 程存旺，石嫣，译. 北京：东方出版社，2011.

2. 西奥多·W. 舒尔茨. 改造传统农业 [M]. 梁小民，译. 北京：商务印书馆，2006.

3. 大卫·格里芬. 后现代科学 [M]. 马季方，译. 北京：中央编译出版社，1995.

4. N. 格里高利·曼昆. 经济学原理 [M]. 梁小民，译. 北京：机械工业出版社，2005.

5. 罗伯特·S. 平狄克，丹尼尔·L. 鲁宾费尔德. 微观经济学 [M]. 张军，等译. 北京：中国人民大学出版社，2000.

6. 詹姆斯·M. 布坎南. 自由，市场和国家 [M]. 吴良健，桑伍，曾获，译. 北京：北京经济学院出版社，1988.

7. 查尔斯·沃尔夫. 市场，还是政府：市场、政府失灵真相 [M]. 陆俊，谢旭，译. 重庆：重庆出版社，2009.

8. 丹尼尔·A. 科尔曼. 生态政治：建设一个绿色社会 [M]. 梅俊杰，译. 上海：上海世纪出版集团，2006.

9. 彼得·德鲁克. 后资本主义社会 [M]. 张星岩，译. 上海：上海译文出版社，1998.

10. 柯林·罗，弗瑞德·科特. 拼贴城市 [M]. 童明，译. 北京：中国建筑工业出版社，2003.

11. 詹姆斯·A. 道，史迪夫·H. 汉科，阿兰·A. 瓦尔特斯. 发

展经济学的革命 [M]. 黄祖辉, 蒋文华, 译. 上海: 上海三联书店, 2000.

二、中文原作类

1. 林毅夫. 制度、技术与中国农业发展 [M]. 上海: 上海人民出版社, 1992.

2. 罗必良. 现代农业发展理论: 逻辑线索与创新路径 [M]. 北京: 中国农业出版社, 2009.

3. 邓启明. 基于循环经济的现代农业研究: 高效生态农业的理论与区域实践 [M]. 杭州: 浙江大学出版社, 2007.

4. 张一帆, 曹均. 循环农业 [M]. 北京: 中国农业出版社, 2009.

5. 翁伯琦, 等. 生态强省建设与循环农业发展 [M]. 北京: 中国农业科学技术出版社, 2010.

6. 樊凯. 生态农业: 农业发展的绿色之路 [M]. 北京: 中国社会出版社, 2009.

7. 单吉堃. 有机农业发展的制度分析 [M]. 北京: 中国农业大学出版社, 2008.

8. 新能源与低碳行动课题组. 低碳经济与农业发展思考 [M]. 北京: 中国时代经济出版社, 2011.

9. 刘学敏, 李晓兵. 论节约型农业和节约型城市 [M]. 北京: 北京师范大学出版社, 2010.

10. 吴易风. 当代西方经济学流派与思潮 [M]. 北京: 首都经济贸易大学出版社, 2005.

11. 张维迎. 博弈论与信息经济学 [M]. 上海: 上海人民出版社, 1996.

12. 何增科, 周凡. 农业的政治经济分析 [M]. 重庆: 重庆出版社, 2008.

13. 杜栋, 庞庆华, 吴炎. 现代综合评价方法与案例精选 [M]. 北京: 清华大学出版社, 2015.

14. 肖建华. 生态环境政策工具的治道变革 [M]. 北京: 知识产

权出版社, 2010.

15. 肖建华, 赵运林, 傅晓华. 走向多中心合作的生态环境治理研究 ［M］. 长沙: 湖南人民出版社, 2010.

16. 王治河, 霍桂恒, 任平. 中国过程研究: 第二辑 ［M］. 北京: 中国社会科学出版社, 2007.

17. 韩明谟. 农村社会学 ［M］. 北京: 北京大学出版社, 2001.

18. 连玉明. 中国数字报告 ［M］. 北京: 中国时代经济出版社, 2004.

19. 李金昌. 资源经济新论 ［M］. 重庆: 重庆大学出版社, 1995.

20. 卢风. 应用伦理学: 现代生活方式的哲学反思 ［M］. 北京: 中央编译出版社, 2004.

21. 周宏大, 梁书升. 农村循环经济 ［M］. 北京: 中国农业出版社, 2006.

三、中文期刊类

1. 孙佑海, 等. 构建资源节约型、环境友好型农业生产体系研究 ［J］. 环境保护, 2009 (4).

2. 曾福生. 长株潭城市群农业现代化引领区建设实证分析 ［J］. 湘潭大学学报 (哲学社会科学版), 2010 (2).

3. 乌东峰. 论中国传统农业生态观与治理 ［J］. 求索, 2005 (2).

4. 乌东峰, 谷中原. 论现代多功能农业 ［J］. 求索, 2008 (2).

5. 乌东峰. 中国古代传统农学学理内涵与启示 ［J］. 社会科学战线, 2005 (3).

6. 郁建兴, 高翔. 农业农村发展中的政府与市场、社会: 一个分析框架 ［J］. 中国社会科学, 2009 (6).

7. 王治河. 建设一个后现代的五型新农村 ［J］. 江西社会科学, 2010 (3).

8. 王治河. 关于农业与农村发展的后现代哲学考量 ［J］. 哲学动态, 2010 (4).

9. 周建华, 乌东峰. 两型农业生产体系桥接的前置条件及其抗阻

因素 [J]. 求索, 2011 (1).

10. 周建华, 杨海余, 贺正楚. 资源节约型与环境友好型技术的农户采纳限定因素分析 [J]. 中国农村观察, 2012 (2).

11. 张利国. 农户从事环境友好型农业生产行为研究：基于江西省 278 份农户问卷调查的实证分析 [J]. 农业技术经济, 2011 (6).

12. 向东梅. 促进农户采用环境友好技术的制度安排与选择分析 [J]. 重庆大学学报 (社会科学版), 2011 (1).

13. 向东梅, 周洪文. 现有农业环境政策对农户采用环境友好技术行为的影响分析 [J]. 生态经济, 2007 (2).

14. 沈宇丹, 杜自强. 环境友好型农业技术发展的难点和对策 [J]. 生态经济, 2009 (2).

15. 卢布. 重新认识当代中国农业 [J]. 中国农学通报, 2009 (24).

16. C. D. 弗罗登伯格, 笃笃. 后现代农业 [J]. 国外社会科学, 1993 (4).

17. 大卫·弗罗伊登博格. 走向后现代农业 [J]. 马克思主义与现实, 2008 (5).

18. Jay McDaniel, Ryan Norman. Constructive Postmodern Agriculture [J]. 山西农业大学学报 (社会科学版), 2008 (5).

19. 杨安娜. 支持"两型农业"发展的财政金融政策选择 [J]. 湖南社会科学, 2009 (3).

20. 张少兵, 王雅鹏. 建设环境友好型现代农业的思考：难点与对策 [J]. 生态经济, 2008 (1).

21. 匡远配, 罗荷花. 两型农业建设中相关利益主体间的博弈分析 [J]. 财贸研究, 2010 (3).

22. 匡远配, 曾锐. 长株潭试验区发展"两型农业"的对策研究 [J]. 农业经济与管理, 2010 (5).

23. 叶兴庆. 2007：现代农业瞄准三大着力点 [J]. 半月谈, 2006 (24).

24. Fernando Funes, 黄小莉. 古巴的有机农业运动 [J]. 开放时代, 2010 (4).

25. 李功奎，应瑞瑶. 柠檬市场与制度安排：一个关于农产品质量安全保障的分析框架 [J]. 农业技术经济，2004（3）.

26. 陈振明. 市场失灵与政府失败——公共选择理论对政府与市场关系的思考及其启示 [J]. 厦门大学学报，1996（2）.

27. 孙鸿志. 美国农业现代化进程与政策分析及启示 [J]. 世界农业，2007（12）.

28. 李光兵. 国外两种农户经济行为理论及其启示 [J]. 中国农村观察，1992（6）.

29. 卜范达，韩喜平. 农户经营内涵的探析 [J]. 当代经济研究，2003（9）.

30. 丁长琴. 我国有机农业发展模式及理论探讨 [J]. 农业技术经济，2012（2）.

31. 马世铭，Sauerborn J. 世界有机农业发展的历史回顾与发展动态 [J]. 中国农业科学，2004（10）.

32. 扈立家，李天来. 我国发展精准农业的问题及对策 [J]. 沈阳农业大学学报（社会科学版），2005（4）.

33. 孙贵彬. 农业生产中存在的问题及发展精细农业的必要性 [J]. 民营科技，2009（5）.

34. 王金武，汪开峰，赵匀. 农业可持续发展与信息化农业 [J]. 农业机械学报，2003（3）.

35. 刘伟明. 精准农业探讨 [J]. 农业网络信息，2006（3）.

36. 廖卫东，王万山. 发展我国生态农业的对策研究 [J]. 中国人口资源与环境，2001（S1）.

37. 郭焕成，吕明伟. 我国休闲农业发展现状与对策 [J]. 经济地理，2008（4）.

38. 夏莉艳. 后农村劳动力转移时期的农业政策取向：基于日、韩的经验研究 [J]. 经济问题探索，2010（3）.

39. 宋德军，刘阳. 中国农业技术扩散的实证研究 [J]. 统计与决策，2007（11）.

40. 刘玉梅，田志宏. 我国发展现代农业的国际经验借鉴：基于东亚地区农业社会化服务体系的经验［J］. 农业经济, 2009 (5).

41. 宋洪远. 新型农业社会化服务体系建设研究［J］. 中国流通经济, 2010 (6).

42. 袁佩佳, 涂圣伟. 村级集体经济组织与农业社会化服务体系建设: 基于山东、陕西、山西三省 27 个村调查的分析［J］. 兰州学刊, 2009 (8).

43. 马智宇, 周小平, 卢艳霞. 我国财政支农存在的问题与对策［J］. 经济纵横, 2011 (4).

44. 刘汉屏, 汪柱旺. 农业发展与财政支农政策选择: 基于支农资金总量和结构的分析［J］. 上海财经大学学报, 2006 (1).

45. 随新玉. 美欧 (盟) 财政支农政策比较与启示［J］. 财政研究, 2004 (5).

46. 袁丽伟. 解决农民贷款难的问题的对策与思考［J］. 齐齐哈尔大学学报 (社会科学版), 2009 (5).

47. 陈懿. 对完善中国农村环境法制的建议［J］. 世界环境, 2008 (5).

48. 任保平. 可持续发展: 非正式制度安排视角的反思与阐释［J］. 陕西师范大学学报 (哲学社会科学版), 2002 (2).

49. 张保伟. 论生态文化与两型社会建设［J］. 未来与发展, 2010 (2).

50. 肖韶峰. 低碳经济发展: 非正式制度安排视角的阐释［J］. 中南民族大学学报 (人文社会科学版), 2012 (1).

51. 刘德宏. 农民环保意识与村庄环境整治: 农村生活垃圾处置视角的分析［J］. 福州党校学报, 2009 (3).

52. 中国环境意识项目办. 2007 年全国公众环境意识调查报告［J］. 世界环境, 2008 (2).

53. 王利荣. 农业补贴政策对环境的影响分析［J］. 中共山西省委党校学报, 2010 (1).

54. 董晓林, 吴昌景. 四大担保模式化解农民贷款难题［J］. 农业经济问题, 2008 (9).

55. 胡延松. 破解我国农民融资困难的政策途径 [J]. 调研世界, 2010 (6).

56. 田野. 农民融资抵押制度创新问题研究 [J]. 农村经济, 2010 (3).

57. 陈诗波. 基于协同理论的循环农业发展主体研究 [J]. 南方农业, 2009 (5).

58. 石秀和, 经庭如. 新型农民合作经济组织发展中的政府行为及制度选择 [J]. 湖北社会科学, 2009 (10).

59. 肖建华, 秦立春. 两型社会建设中府际非合作与治理 [J]. 湖南师范大学社会科学学报, 2011 (2).

60. 肖建华. 两型社会建设中多中心合作治理的困境及建构 [J]. 环境保护, 2012 (10).

61. 肖建华. 借鉴古巴经验推进我国"两型"农业发展 [J]. 环境保护, 2013 (15).

62. 肖建华, 乌东峰. 湖南省农户自为从事两型农业生产的实证分析 [J]. 经济地理, 2013 (8).

63. 肖建华, 乌东峰. 两型农业生产体系建设的组织协同 [J]. 江西社会科学, 2013 (5).

64. 肖建华, 乌东峰. 两型农业：必要的乌托邦 [J]. 农业考古, 2013 (4).

65. 肖建华, 袁野. 发达国家耕地污染防治法律制度对中国的启示 [J]. 生态经济, 2017 (5).

66. 肖建华, 袁野. 长株潭重金属污染耕地修复治理：探索、困境与突破 [J]. 江西社会科学, 2019 (7).

67. 张慧鹏. 大国小农：结构性矛盾与治理的困境：以农业生态环境治理为例 [J]. 中国农业大学学报（社会科学版）, 2020 (1).

68. 郭晓鸣, 等. 农业大省农业劳动力老龄化的态势、影响及应对——基于四川省 501 个农户的调查 [J]. 财政科学, 2014 (4).

69. 宋斌文. 农村劳动力转移对农村老龄化的影响及其对策建议 [J]. 公共管理学报, 2004 (2).

70. 商建维. 都市休闲农业高质量发展实现路径与前景展望 [J]. 农业展望, 2018 (5).

71. 王佳方. 智慧农业时代大数据的发展态势研究 [J]. 技术经济与管理研究, 2020 (2).

72. 张仪. 我国精准农业发展现状 [J]. 现代农业科技, 2017 (7).

73. 陈旭, 尹振环, 袁岳驷. 从农村"空心化"看湖南省农村土地撂荒 [J]. 农村经济与科技, 2019 (24).

74. 王洁, 许光中. 乡村振兴中土地流转的现状与问题研究 [J]. 南方农机, 2019 (14).

75. 罗玉辉. "三权分置"下中国农村土地流转的现状、问题与对策研究 [J]. 兰州学刊, 2019 (2).

76. 陈义媛. 组织化的土地流转：虚拟确权与农村土地集体所有权的激活 [J]. 南京农业大学学报（社会科学版）, 2020 (1).

四、学位论文类

1. 周栋良. 环洞庭湖区两型农业生产体系研究 [D]. 长沙：湖南农业大学, 2010.

2. 曹斌. 两型农业发展状况及其生产效率的研究 [D]. 长沙：中南大学, 2011.

3. 张亚杰. 湖北省"两型"农业发展评价研究 [D]. 武汉：华中农业大学, 2010.

4. 沈宇丹. 环境友好农业技术创新激励政策研究 [D]. 武汉：华中农业大学, 2009.

5. 霍生平. 资源节约型、环境友好型农业生产体系中生态农民的培育研究 [D]. 长沙：湖南农业大学, 2011.

6. 孟涛. 农村环境管理权均衡配置研究：基于四部门的动态分析 [D]. 青岛：中国海洋大学, 2010.

7. 温琦. 我国农业生产经营组织化：理论基础与实践方略 [D]. 成都：西南财经大学, 2009.

8. 刘梅. 农户可持续农业生产行为理论与实证研究 [D]. 无锡：

江南大学，2011.

9. 王培先. 适度规模经营：我国农业现代化的微观基础：一个新的分析框架 ［D］. 上海：复旦大学，2003.

五、中文报纸类

1. 乌东峰，等. 资源节约型、环境友好型农业生产体系研究 ［N］. 湖南社会科学报，2009 - 4 - 10.

2. 蒋高明. 美国廉价食品的代价 ［N］. 科学时报，2010 - 5 - 7.

3. 冯志刚. 江西南坑村：一个人的村庄 ［N］. 都市快报，2012 - 10 - 28.

4. 中国共产党第十七届中央委员会第三次全体会议公报 ［N］. 人民日报，2008 - 10 - 12.

5. 刘宏. 古巴"城市农业"方兴未艾 ［N］. 人民日报，2002 - 1 - 8.

6. 颜珂. 明天，谁来种地？ ［N］. 人民日报，2012 - 12 - 23.

7. 阎红玉. 伊通"培肥地力"呼声高 ［N］. 农民日报，2012 - 2 - 27.

8. 韩乐悟. 中国化肥用量 60 年增百倍有毒物质危及食品安全 ［N］. 法制日报，2011 - 5 - 27.

9. 高尔豪. 可考虑放开涉农贷款利率上限 ［N］. 上海金融报，2012 - 3 - 9.

10. 莫开伟. 警惕资金互助社重蹈农金会覆辙 ［N］. 人民政协报，2013 - 1 - 15.

11. 张国凤. 吴忠农民的两盼一忧 ［N］. 农民日报，2012 - 2 - 27.

后　记

　　本书是在博士学位论文基础上修改而成的。博士论文是导师乌东峰教授主持的国家社科基金重大课题"资源节约型、环境友好型农业生产体系研究"（08GZD029）的重要研究部分。导师乌东峰教授著述了大量关于中国"三农"问题的文章，是国内农村社会发展领域的优秀社会科学专家。承蒙乌老师不弃，2010年有幸成为其博士研究生。论文从选题、研究方法的确定、研究方案的设计、研究思路的形成、研究内容的写作直到论文的成文与修改等，都得到了导师乌东峰教授的悉心指导。衷心感谢导师乌东峰教授的传道解惑！

　　在博士论文开题、中期考核和答辩过程中，我有幸得到了朱有志教授、曾福生教授、李明贤教授、龙方教授、刘纯阳教授、罗光强教授、黄正泉教授、李立清教授的悉心指导，校外评阅专家华中农业大学李长健教授、西南大学王定祥教授、南京农业大学周宏教授、西北农林科技大学王征兵教授、北京林业大学聂华教授的中肯评阅使论文增色不少，谨向他们深表谢意。

　　感谢湖南农业大学经济学院的所有老师，作为一个整体，他们为我的学习与研究创造了既自由宽松又充满活力与智慧的环境。同时，感谢卜蓓博士、李立辉博士、卿漪博士、吴爱华博士、范永忠博士、范东君博士、胡祥勇博士、李继志博士、刘清泉博士、葛干忠博士等2010级博士班的同学，和他们一起交流学习，让我受益匪浅。

　　著作付梓之际，还要感谢引领我走上学术研究道路的硕士生导师——云南大学硕士研究生导师、现担任西南林业大学党委书记的张昌山教授以及云南大学公共管理学院的马啸原教授、周平教授、崔运武教授、方盛举教授。同时还要感谢武汉大学谭君久教授、南京大学严强教授、湖南大学李金龙教授、江西社会科学院高平教授、广州大学公共管理学院院长陈潭教授、湖南省企业管理创新成果评审专家吴家丕教授多年来对后生的提携和帮助。感谢云南省委党校陈辞教授、西南大学罗炯教授、湖南科技大学江海潮教授和刘红峰博士给我提供的帮助与支持。

在职攻读博士研究生期间，感谢中南林业科技大学党委副书记秦立春教授，社科处处长孙凤英教授，政法学院院长周训芳教授、副院长蒋兰香教授等领导和同事为我攻读博士学位提供的支持与帮助。

感谢我的妻子游高端女士，她对我科研工作的支持及默默奉献是无法用语言来表达的。感谢我的亲人们对我一如既往的坚定支持，使我能够集中精力求学，顺利完成学业。

感谢湖南师范大学校长刘起军教授、公共管理学院副院长王敏教授的知遇之恩，2020年调入湖南师范大学工作。入职湖南师范大学后，感谢公共管理学院领导和同事的支持和帮助。本书受湖南师范大学政治学国内一流培育学科建设经费资助，特此致谢！当然，对本书的编辑出版，花费了大量心力的各位编辑尤其是策划编辑蔡虹女士，也在此一并致谢。鉴于笔者才疏学浅，书中错误和纰漏之处，尚祈学界同人批评、指正！

2020 年 3 月 18 日
于长沙五矿万境水岸寓所

后记